转型
领导力

火速提升

从业务骨干到管理高手

黄 勇 ◎ 著

海天出版社
HAITIAN PUBLISHING HOUSE
·深圳·

图书在版编目（CIP）数据

火速提升：从业务骨干到管理高手 / 黄勇著 . --
深圳 : 海天出版社 , 2022.11
ISBN 978-7-5507-3602-3

Ⅰ . ①火… Ⅱ . ①黄… Ⅲ . ①企业管理－人才培养
Ⅳ . ① F272.92

中国版本图书馆 CIP 数据核字 (2022) 第 148827 号

火速提升：从业务骨干到管理高手

HUOSU TISHENG: CONG YEWU GUGAN DAO GUANLI GAOSHOU

出 品 人	聂雄前
责任编辑	南 芳
责任校对	万妮霞
责任技编	郑 欢
装帧设计	知行格致

出版发行	海天出版社
地 址	深圳市彩田南路海天综合大厦 （518033）
网 址	www.htph.com.cn
订购电话	0755-83460239（邮购、团购）
设计制作	深圳市知行格致文化传播有限公司
印 刷	深圳市华信图文印务有限公司
开 本	787mm×1092mm 1/16
印 张	16.5
字 数	180 千字
版 次	2022 年 11 月第 1 版
印 次	2022 年 11 月第 1 次
定 价	48.00 元

黄勇与中国人民大学彭剑锋教授一起在延安学习

深圳市人力资源服务协会常务副会长兼秘书长梁雨钝
到访黄勇创办的前海昱鑫商学院

黄勇受邀到猎聘网授课

黄勇受邀到东华理工大学授课

黄勇的管理课程深受各大企业欢迎

万科物业授课现场

中国电信桂林分公司《转型领导力》培训班
学员合影留念

苏州港华核心人才储备计划学员合影留念

一览 HR 大讲堂学员合影留念

中国移动《转型领导力》培训班学员合影留念

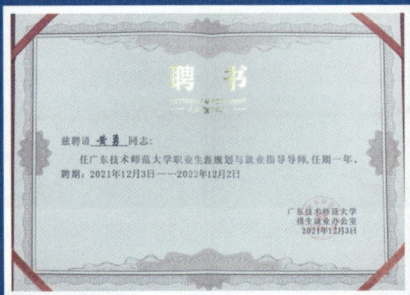

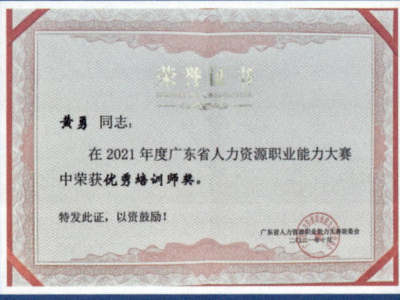

黄勇的部分获奖证书和聘任证书

推荐语

RECOMMENDATION

***

　　对于众多中国企业而言，如何让优秀的业务骨干向管理高手转型是干部队伍建设的一项十分重要而又富有开创意义的工作，作者黄勇老师是一位资深的领导力培训专家，他在本书中阐述的基于胜任力特征模型的转型人才培养模式为企业中的优秀业务骨干成功转型为管理高手提供了行之有效的手段和方法，对于企业全面提升其管理能力和领导力具有重要的借鉴意义和应用价值，值得企业家、企业业务线骨干及各级管理者一读。

彭剑锋

中国人民大学教授、博士生导师

华夏基石管理咨询集团董事长

前 言
FOREWORD

　　据不完全统计，中国大多数企业在过往四十多年的经营和高速发展中，有高达 90% 以上的企业管理者是由业务骨干转型或者晋升而产生的。而在企业中，最常见的情况莫过于，企业的业务能手、技术骨干由于业绩突出、表现卓越而被提拔到管理岗位。可是，这些业务能手和技术骨干到了管理岗位后，是逐渐成为管理高手还是慢慢遇到了职业发展的瓶颈呢？其实，这样的问题可能并不为众多人所关注，但这确实成了管理者能否胜任管理岗位或者成为管理高手的一大难题。要知道业务能手和技术骨干在岗位上所具备的专业能力，与他们在转型到管理岗位上所具备的团队驾驭能力，是完全不同的两种技能。如果只是单纯地把这两种能力混为一谈的话，企业走向灭亡的时日也快到了。

　　西方管理学界有个著名的"彼得原理"，它的基本表述是：在一个等级制度中，每一个人总趋向晋升到他所不能胜任的职位，有工作成绩的人将被提升到高一级的职位；如果他们继续胜任，将被进一步提升，直至晋升到他们所不能胜任的位置。可以证实"彼得原理"的案例在我们周遭环境中无处不在。比如，一名尽职尽责的大学教授被任命为校长后无法胜任；一个出类拔萃的运动员被提拔为主管体育运动的官员后无所作为。

在企业中，"彼得原理"所阐述的现象更是司空见惯，由业务骨干转型成为管理者后几乎无一例外会遭遇胜任困局，管理者的胜任力正在受到挑战，要想成长为管理高手那更是难上加难。

基于此，经过本书作者近三十年来对企业实战人才培养的研究分析，认为在一个组织当中要实现从一名业务骨干到管理高手的成功转型，必须具备以下六个方面的胜任能力：系统的管理理论知识、清晰明确的角色认知、明确定位与科学授权、辅导部属的工作能力、运用沟通提升领导力和团队管理的领导艺术（如图 1）。

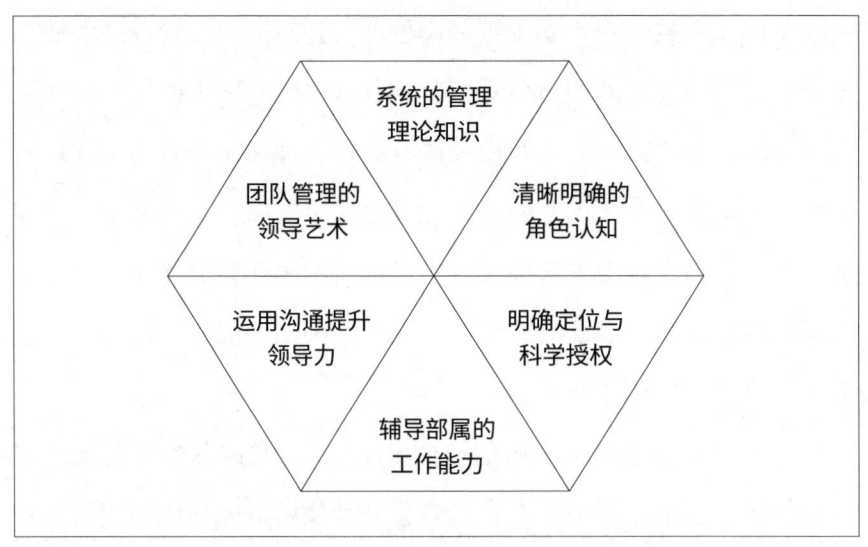

图 1 业务骨干到管理高手胜任能力模型图

而这六个方面的胜任能力正是对应了胜任特征因素中包括的技能知识、角色定位、价值观、自我认知、品质和动机六个方面和层级，有助于组织对从业务骨干到管理高手成功转型培养设计的研究，以提升管理高手的管理能力、领导能力和团队绩效，使其顺利转型为一名合格乃至优秀的管理者，并逐步成长为组织中的领导者。

为了让读者们在阅读本书时有更加清晰明确的认知，特别将本书中经常提到的业务骨干、管理者和管理高手三个概念进行解释和说明。

1.业务骨干：在组织中熟练运用专业技能将工作任务出色完成，完美达成工作要求并取得优异绩效的专业人士，而且通常被组织定义为关键岗位人才或者是后备培养干部。

2.管理者：是管理行为过程的主体，管理者一般由拥有相应的权力和责任，具有一定管理能力从事现实管理活动的人或人群组成。管理者及其管理技能在组织管理活动中起决定性作用。管理者通过协调和监视其他人的工作来完成组织活动中的目标。

3.管理高手：是对优秀管理者的另一种称谓。是指勇于承担责任，熟练地运用管理权力以及各项管理工具、方法和技巧，成功带领团队成员出色达成组织目标和业绩要求，受到组织中各级人员赞誉的优秀管理者。

在现代企业中，很多管理者由于缺乏系统的学习，对自己角色的认知不清晰，导致管理中存在问题，向上发展遇到阻碍。希望读者朋友们通过阅读本书，充分了解管理者的角色定位，在管理岗位上表现得越来越优秀。

目 录
CONTENTS

1

第一章

搞懂管理

　　现代管理学之父彼得·德鲁克说："管理是一种实践，其本质不在于'知'而在于'行'；其验证不在于逻辑，而在于成果，其唯一权威就是成就。"有效的管理简单地讲就是"行文化"。

第一节

"业务骨干" VS "管理高手"

> 在你成为管理者之前，成功与自己的成长有关；当你成为管理者以后，成功就与别人的成长有关。
>
> ——美国通用电气董事长兼 CEO 杰克·韦尔奇

从侧重专业并以任务为重的业务骨干，转变成侧重人际和管理的管理高手，是需要通过系统学习来实现的。在我们所处的组织中，如果重视管理者在这方面的能力培养、学习和提升，可使管理者掌握必要的管理技能和领导能力，培养管理者的组织计划能力、经营意识和团队协作精神，推动管理者产生更高的绩效，从而实现组织预定目标，让管理者和组织共同成长并使其成为管理高手，再逐步成为组织当中的领导者，从而形成人与组织双赢和多赢的局面。

管理具有科学性和艺术性。在本书当中我们试着用最深入浅出的办法，用日常工作管理中经常遭遇的问题，来剖析管理的行为价值，为管理者在现实工作中提供有效参考的例证。

一、发现"痛点"

在一个组织当中，优秀的业务骨干转型成为管理者之后，不仅仅要做好专业工作，其主要工作是正确带领所属的团队成员取得组织所期望获得的绩效。但是，大多数管理者在没有系统地学习团队管理知识之前，往往缺乏正确的认知，不知道如何入手，甚至很多时候在工作授权或落实安排之后仍然喜欢"一竿子插到底"。这里需要特别关注的是，当我们觉得下属能力不行，自己要"一竿子插到底"的时候，大家有没有想过，下属是希望我们的工作做对呢还是做错呢？通过事实证明，绝大多数下属是希望身为管理者的我们做错！因为只有我们做错，才能证明下属是正确的，才能突显下属在管理者面前的价值。

有研究者针对组织当中的业务骨干转型成为管理者之后，经常犯的错误进行了统计和分析，并列出表1-1：

表1-1 专业出身的管理者经常犯的错误分析表

序号	专业出身的管理者经常犯的错误	比例
1	精确求解，缺少预测和应变	28%
2	陷入具体事务，丢掉或忽略了大目标	22%
3	拿得起，放不下	16%
4	授权成了弃权，用威不会用权	14%
5	强调事情忽略人	10%
6	取悦部下，心太软，想让所有人都满意	6%
7	其他	4%

经过对比分析我们了解到，不成熟的管理者主要表现在"运用情感管理"和"模仿他人经验的管理"两个方面。

首先，我们来分析一下什么是"运用情感管理"。举个例子，当我们初任管理者时，常会发现团队中会有人用"好处"来亲近我们，当我们接受了这种"好处"之后，未来长期发展的结果是当组织中出现需要管理者进行利益分配时，我们通常会不可避免地犯一种常见的错误，就是往往更偏向于给与我们更亲近（或者曾经给过我们"好处"）的人分配组织中最好的那份利益，而不是根据为组织带来的贡献大小而进行利益分配，结果就造成了组织当中的不公平和腐化现象的产生，这种管理模式就是"运用情感管理"。

还有一种常见的错误就是"模仿他人经验的管理"。同样举个例子：管理者在行使管理职能时，通常会在开早会时批评下属的工作不给力；当我们成为管理者之后，大脑中的最初的管理认知就是两件事：开早会和批评下属的工作不给力。其实，我们可能并不知道为什么要这样做，也不知道所谓的科学管理方法是什么，只是被曾经的上级耳濡目染了，这就是"模仿他人经验的管理"。

显然，这两种错误的管理模式都会影响组织的绩效。

如何避免产生这些错误呢？就要系统地学习管理知识，掌握管理常识，将管理理论科学地转变为工作中的实践运用。要认识到我们在组织当中不再是一个"个人"，而是带领了一个"团队"。当我们带领一个团队后，不仅需要自身的成长和发展，更需要团队中所有成员一起向上，一起向前奔跑，共同为组织创造绩效。

当我们还是一名业务骨干时，就好比是企业这辆车上的一名乘客，在完成本职工作之后可以随心所欲去浏览窗外的风景，或者做自己喜欢和擅长的事情，因为我们只要坐上这辆可以到达目的地的车，就可以与企业一同分享成功。而我们有一天被公司一纸公文任命为团队的管理者后，就好比成为这辆车的司机，就不可以像之前当乘客一样悠闲了，需要承担身为掌舵人的责任和压力。因为我们手里握着的是方向盘，掌握着这辆车的方向和路线；同时，我们的脚下还踩着刹车和油门，掌握着车辆的速度、动力以及安全。这个时候，我们只有一心成为组织中的管理高手才是正道。

所以，当我们成为管理者后，不仅肩负着责任，还握着权力。合理地分配、运用手中的权力显然是十分关键和重要的。如果权力不进行合理的分配和运用，就会在组织当中产生腐败，严重影响一个组织的绩效达成。

研究发现，大约有48%的优秀专业人士从业务骨干岗位转型到管理岗位后，仍然像个人贡献者一样地工作；大多数管理者"停滞"在类似的状态，并且在职位晋升或者转变后的5—10年没有进一步提升。只有约25%的人完全转型成为真正的管理高手，并适应了管理岗位的要求。（如图1-1）

根据这项研究，我们发现大多数从业务骨干转型到管理者的人士无法通过自己的努力而成功转变角色，只有少数人通过突破"运用情感管理"和"模仿他人经验的管理"之后让自己获得了成功转型，而大部分人却很失败。由此可见，在组织当中，不是所有人都适合从业务骨干走向管理岗位的。因此，不管是我们在考虑提拔自己的下属，还是人力资源部在选拔优秀业务骨干晋升或者转型

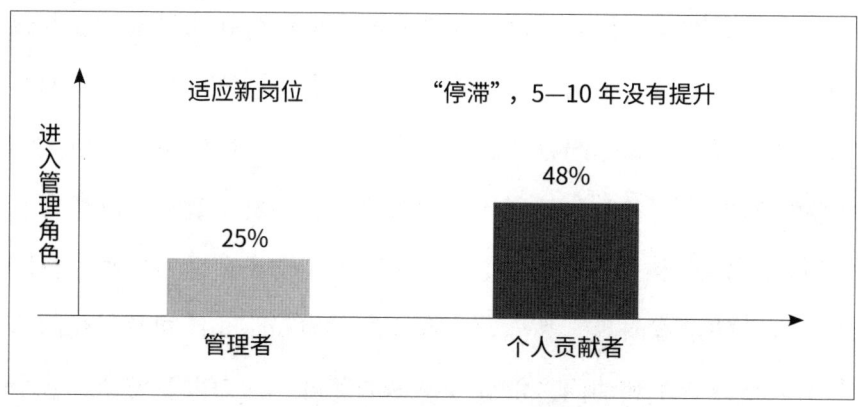

图 1-1 业务骨干到管理者的转型分析

培养时，都要先考核准对象是否有承担管理职责的能力和欲望，即胜任特征。如果让一个专业才能横溢却没有承担管理职责的能力和欲望的业务骨干去管理一个团队，他就会觉得很别扭、很难受，这是因为"业务骨干"和"管理高手"是完全不同的工作技能和工作内容。

无数管理的实践案例都已经很明确地告诉我们：不是所有人都适合担任管理者。这也就是说，在组织当中要为员工设立多种晋升和职业发展渠道，比如管理通道、技术通道、销售通道和专业通道等，使员工明确不仅将职员提拔到管理岗位上是晋升，在其他通道上的提拔也许是一种更符合员工自身发展的晋升。

二、在犯错中成长

研究发现业务骨干转型为管理者时，最容易犯的错误就是：觉得下属在专业能力方面不如自己，喜欢一马当先冲到前面，把自己的下属丢在后面。这时，大部分团队成员往往不会为自己的上级加油助威，反而会在旁边冷眼旁观。因为只有这个"领头羊"搞砸了，才能证明团队中其他成员存在的价值。所以，出现这种情况时，就需要帮助转型后的管理者明确，只有提升每一位下属的能力，才能获得组织最大的绩效，自己才能成长为管理高手。

近四十年来，一大批中国本土的优秀企业凭借服务品质和产品优势，不断扩展市场份额，扩大经营服务范围。但是面对越来越激烈的人力资源竞争环境，企业对管理人才的需求量越来越大，同时对管理人才的胜任能力要求也越来越高，业务骨干转型后是否可以成为管理高手成为制约企业发展的瓶颈。

基于此，众多组织顺应时代发展趋势而为，求新求变，希望将组织中的优秀专业人才从"业务骨干"顺利培养并成功转型为"管理高手"。我从这一人才培养和发展的实际需求出发，研究和探讨出现的问题和所犯的错误：

第一，业务骨干向管理者转型时管理认识上的困惑。

当业务骨干成为管理者之后，面对的不仅仅是做好自己的专业工作了，这时候摆在他面前的主要工作是正确地带领所属的团队成员，并取得组织所期望的绩效。但是，他们当中绝大多数人是没有通过系统的团队管理知识学习的，并且缺乏正确的管理认知，不知道如何入手，甚至很多时候在布置工作之后，仍然不放心下属的工作，喜欢自己"一竿子插到底"。

第二，业务骨干向管理者转型时不知道该学习和掌握什么样的知识、方法和工具。

企业中的管理者大多关注事多于关注人，这显然不利于员工的成长和人才的培养。管理者只会下达工作指标，不懂得如何指导下属去执行和保持下属的工作热情，这又会出现什么样的问题呢？即使有些管理者参加过相关管理课程的学习，但是当将所学内容落地并应用到实际工作上时，经常遇到困难，没有专家的帮助和辅导，还是很难胜任管理岗位。

第三，业务骨干向管理者转型后不知道如何提升领导力来推动组织的绩效。

大多数管理者在上岗前，缺乏岗前培训；即使之前接受过培训，学习的也多是如何做好"管理"，不是如何当好"领导"。那"管理"与"领导"究竟有什么区别和联系呢？管理者又将如何提升自己的领导力从而促进组织的绩效提升呢？这些问题，都成为业务骨干转型为管理者后碰到的很头痛的问题。

三、我适合转型吗

专业者有成为管理者的潜质吗？

将专业者变成经理人是一件简单的事吗？

专业对管理人员来说有用吗？

有没有可能将"业务骨干"培养成"管理高手"呢？

……

长期以来，以上这些问题一直困惑着我们。这些问题或许有些突然，甚至有点冒昧；毕竟，业务骨干与管理者在工作内容上有很多不同之处。

传统观点认为，专业型员工更适合在专业岗位上从事具体的工作，在那里他们用不着去与别人交流。因为他们缺乏诸如交流、倾听等工作软技巧以及团队合作能力。这样看来，将"业务骨干"培养成"管理高手"就变得跟教一条鱼去骑自行车一样困难，不过这都取决于我们对传统说法的认知。

不论职业经历如何，有些人就是没有管理的才能，而有些人则不同。我们认为，你可能会指出公司的很多人都永远不会成为管理高手，但是优秀的专业人士转型成为管理高手，也并非一件难于上青天的事情。

我们一起来看看，在一家全球知名的通信企业中，负责公司人才培养工作的 CHO[①] 李梦琪与 CIO[②] 张嘉雨是如何就专业人才向管理者进行转型培养这项工作而开展沟通的。

张嘉雨认为："一个能熟练处理程序式任务的人并不代表他就有能力领导好其他人。"张嘉雨的工作是负责管理公司的网络部门

[①] 首席人力资源官。
[②] 首席信息官。

以及负责公司网站的运行，要接受下面六个部门经理的直接工作汇报。有一次，他在参加了一个领导力课程之后产生了很多感悟，他和李梦琪说："我认为IT人士都严重缺乏工作上的软技巧，比如沟通能力、公众表达能力和指挥他人的能力等等，他们是一群特殊的人，必须小心翼翼去领导他们；但是要教会他们掌握必要的社交能力和沟通的行为技巧，在我看来这是所有职场人不可缺少的，而且只有掌握了这些工作上的软技巧，才有可能将业务骨干培养成为管理高手。"

李梦琪表示非常认同张嘉雨的观点。

张嘉雨愿意花大量时间与李梦琪进行人才培养方面的工作沟通，是因为张嘉雨确信工作上的软技巧是可以通过学习和训练获得的。他还说希望人力资源部可以安排自己的员工到专门的内部或者外部培训机构参加各种工作软技巧培训课程，诸如时间管理、领导力、沟通交流、团队合作以及客户关系等等。他解释道："我希望他们能在行为举止以及与人交流方面达到职业人的行为标准，并为日后的成长和职业发展奠定基础；我更希望在我的团队中可以培养出公司管理人员的后备干部，当管理岗位发生空缺时，我可以从容安排。"

当然，仅仅是让业务骨干学习和掌握一些工作上的软技巧是培养不出一个管理高手的。张嘉雨在这方面的观点是："我并没有把握说能将业务骨干培养成管理高手，这还要看他们是否有这个愿望，毕竟很多时候意愿比能力更为重要。对于专业人士来说，这是一群不同的人，如果业务骨干想成为管理高手的话，他们就必须有能力先解决专业问题，然后才能对别人发号施令。"

李梦琪在与张嘉雨进行了交流后，说："当业务骨干向管理岗位进行转型培养时，不仅仅是要学习和掌握工作上的软技巧，对自身专业知识的深入研究也不能放松，因为专业能力强也可以成为领导团队的重要因素。"张嘉雨非常认同这个观点。

双方经过沟通和交流后，确认把业务骨干培养成为管理高手完全是可行的。于是在李梦琪的指导下，张嘉雨拟定了详细的人才培养计划及具体的实施安排。

在上面这个案例中，我要提醒管理者的是：不要把拟定本部门或者所管辖人员的培养计划丢给公司人力资源部或者培训部门去做，而是要管理者本人亲自完成并且全程关注实施。因为如果作为管理者的你期望别人帮你培养出所需要的人才，那就是天方夜谭了。换句话说，如果别人真的可以培养出你所需要的人才的话，说明你在组织中的价值也就不大了。

我们一起来看看一位成功从"业务骨干"转变为"管理高手"的人士，是如何看待转型培养这个问题的：

杨文是某通信公司一位从专业者向管理者成功过渡的人士，目前担任某部门的高级经理。他说从一个专业者转变成为一个管理者不是那么容易的，需要18—24个月的时间来改变和提升自己。"要转变成一个管理者是相当困难的，在这个过程中，你必须独立并自信地去当好一个团队的领导者；在公司决定要培养你或者将你提拔到管理岗位时，你就要面对一大堆之前可能从来没有接触和关心的事情：要鼓舞大家的士气，要保持团队的活力，要让大家都集中于某些他们可能并不关心的目标上，等等。"他接着说，"从一个侧重专业技能并以任务为重的业务骨干，转变成一个侧重人际交流并以结果为重的管理者，这个过程相当困难。不仅要保持原来的专业能力继续在团队中领先的位置，同时也需要去学习一些工作中的软技巧，如人际沟通、时间管理、工作分配、激励他人和职业礼仪等等，而这些在我做专业工作时，是不会去关心的。"

他还补充说："不仅仅只对业务骨干是这样，这个过程对于所有工程师、技术研究者以及其他领域的专家同样是艰难的。"杨文相信："在团队中，有些人就是当管理者的料，而有些人永远都没有这个能力；有些人确实就是有这方面的缺陷，改都改不了，你可以把一些令人挠头的专业难题交给他们解决，但永远都别指望他们去管理别人，他们的人际交往能力实在糟糕，不过专业上却相当出众。"

他也指出，有时一个人专业越娴熟，他往管理方面转变的难度就越大。杨文还谈道："作为管理者需要做的是指挥别人去工作。可是当你知道自己可以将这个任务完成得更好更快时，就很难会让别人去做的。"

杨文还告诉我们："我从专业岗位转型到管理岗位后，公司领导还是比较满意的，我想可能是两个方面的原因吧：第一是我有管理他人的意愿和想法，这一点很重要，直接决定了我可以胜任管理岗位，确实在很多时候，一个人的意愿比能力更为重要。"他停顿了一下接着说："第二是我在公司安排的转型培训中积极好学，掌握了大量管理方面的理论知识和工具方法，我认识到专业技能与管理能

力是两种完全不同的能力，不能以原来的专业能力去作为管理能力
的替代，否则自己是无法管理好一个团队的。"

通过前文两个案例分析，我们可以看出从"业务骨干"转型成
为"管理高手"是完全可能的；但是，我们也要明确一点，不是所
有人都适应这样的转型和具有这样的转变能力，需要因人而定。

四、管理高手这样干

我们对业务骨干和管理高手的工作开展了对比，从工作理念、
工作技能和时间管理三个维度进行了分析：

第一，工作理念。

业务骨干：主要是通过个人能力去努力完成工作任务，用高质
量的技术或专业化工作能力将工作完成到最佳状态，并以此为企业
创造最大化的价值；当然，他们也是非常遵循公司价值观的一批人，
与企业荣辱与共，共同发展，相对来说忠诚度也是很高的。

管理高手：是通过他人完成工作任务，擅长人力资源管理，懂
得知人善任与宽容他人，以培养下属的能力和成长为己任。管理高
手认为下属的功与过都和自己有关，"下属有功我有功，下属无功
我有过"；同时，他们是以部门或者团队的绩效作为自身绩效的考
量。对于管理高手来讲，必须具备"心性优、激情高、能力强"的
特点，才能"在企业中成为服众的高手"。

第二，工作技能。

业务骨干：他们的技术或者业务能力特别出众，为了个人利益和成果而建立人际关系，所以他们的人际关系是为了促进专业能力而存在的；他们会合理运用公司给予的工具及拟定的流程和规程，并结合自己高超的专业能力达成企业中最佳的绩效状态。

管理高手：在工作技能方面，他们必须拥有强大的团队协作能力，特别是在制订工作计划，包括项目计划、预算计划和人员计划等方面有超强的能力，这样才能调动员工的工作积极性，以促进团队的发展和成长，并为企业创造价值；在工作管理方面，包括工作设计、人员选拔、绩效评估等内容，管理高手均有较强的能力；在员工培育方面，包括教练辅导与反馈、授权、激励等，也需要管理高手有超出常人的能力；在人际沟通方面，管理高手一直在考虑为部门发展建立全方位良好关系。

第三，时间管理。

业务骨干：是以遵守考勤，按时上下班为准则，在他们的心目中，用专业的技能高质量地完成任务即是最佳的工作状态，所以对于业务骨干来讲，做好自我的时间管理即可达成工作目标。

管理高手：他们的工作周期多数是以周或者以月，甚至是以季度或者年度为单位。在上级指派工作安排后再进行分解和落实，所以在工作时间安排上要进行年度计划、季度计划或者月度计划的分解，跟进周期完成。同时，管理高手还需要考虑与下属进行沟通的时间安排；为部门和团队工作设定时间方面的优先次序；确定与其他部门、客户和供应商沟通的时间；等等。所以，处理好相对复杂的时间管理成为管理高手的一项重要能力。

通过以上分析和对比，我们看到业务骨干和管理高手在工作理念、工作技能和时间管理方面是不同的，也就是说，即使业务骨干的专业能力再强，也并不代表他们转型到管理岗位后的工作能力可以同样强。

"管理" VS "领导"

在组织中，一名业务骨干要想转型为管理高手，必须具备强烈的管理欲望、系统的管理理论知识和专业的管理工具与方法，才有可能胜任管理岗位，否则最好还是回归专业岗位上去。

一、管理是为目标负责

什么是管理？各种教科书上都写满了管理的概念，让人眼花缭乱。总结提炼出最简要的概念是：**管理，就是通过协调和监督他人的活动，有效率和有效果地完成工作。**

众所周知，业务骨干是通过自己高超的专业能力，努力亲自完成工作，达成组织绩效要求的人，所以业务骨干更加重视专业技能的培养和运用；而管理人员则是同他人一起或通过他人使活动完成得更有效的人，是组织当中有效的指挥者、统筹者、协调者和资源的分配者。总结一下，管理就是：

1. 通过你的指令，团队成员清楚知道你要他具体干什么。

有一个概念我们必须首先明确：管理高手在组建团队前，一定是先确定人员的岗位职责，然后根据岗位职责招聘符合要求的人员，这就是因岗定人，而不是因人定岗。

2. 通过你的促使（或辅导），团队成员可以用最好的方法去达成目标。

当你的团队成员已经全部到位时，请不要着急让大家去干活，而是应该将一些必需的工作技能和工作方法传授给大家。俗语说得好："磨刀不误砍柴工。"先培训大家掌握必要的技能和方法，再去开展工作，可以达到事半功倍的效果。

3. 通过你的讲解，团队成员清晰知道评估工作结果的标准是什么。

管理高手在团队成员开展工作之前，会把做好这件事的优秀、合格和不合格的标准先告诉大家，同时将完成任务后所对应的奖惩标准明确告诉大家，从而调动成员们的主动性和内驱力去达成最好的工作成果。

综合以上三点说明，管理是以结果为导向，对目标负责，最终通过管理高手合理调配资源和人员，而达成组织期望的结果。

二、"管理"与"处理"的区别

要做好管理工作，还要分清"管理"和"处理"二者的不同。在企业中，一个管理高手既要做"管理"工作，又要做"处理"工作。对管理高手来说，是"管理"和"处理"工作的比例不同，而不是单纯地只做好"管理"或者"处理"工作中的一项就行。

作为管理高手，需要有很强的预测性，就是在问题发生之前，把它控制住，并将其解决在萌芽状态；当然，在问题发生之后，管理高手也是需要出手去协调和解决的，而这个时候，我们就称之为"处理"了。但是，如果总是在事后去处理问题的话，管理者就不是管理高手了，而成了一名消防员，哪里有火就扑向哪里，这样一来，组织的绩效一定会受到影响。要知道你在组织中作为一名管理高手，是用你的肩膀以上来工作的，就是用大脑来工作。而能用上大脑的前提是你要有思考的时间，天天当消防员去灭火的话，哪里有时间来思考？

这就需要管理高手具备前瞻的眼光，即需要有预测性，也就是通过一系列的管理手段、措施和方法，来杜绝问题的发生。当然，不可能所有的问题都是可以通过"预防"来杜绝的，所以管理者的另外一项工作也就是"处理"了，"处理"是事后去解决问题。"处理"是管理者工作中必须要有的行为，但"预防"是企业对管理者所提倡的做法。

管理高手要有强大的预测能力及预见性，以此来杜绝问题的发生，尽量避免事后再去解决问题。我们一起来看看三国时期的刘备所具有的强大预测能力吧。

三国时期的刘备总能绝处逢生，这不得不说是一种能力。刘备说马谡"言过其实，不可大用"，就突显了他具有强大的预测能力。刘备此语其实是针对马谡的性格，而非其军事能力。马谡是个很好的参谋，但不是个很好的统兵大将，刘备正是看出了这一点。因此，优秀的预测能力成为帝王或者领导者的必备要素。

　　马谡和战国时期赵国的赵括有很多相似点，善于纸上谈兵，夸夸其谈。刘备作为一方枭雄有很强的知人善任的能力。诸葛亮其实也明白马谡的能力，诸葛亮起用马谡的原因，我认为有以下几点：首先，在伐魏时期，蜀国人才匮乏，尤其是军事谋略方面的人才更是寥寥无几，诸葛亮起用马谡也是无奈之举；其次，马谡在军中和蜀地有很高的威信和美名，被誉为当时的才俊，一方面起用马谡可以稳定军心，提升士兵信心，鼓舞士气，另一方面马谡确实有一定的军事能力。

　　刘备在观察马谡时，认为他可以做个军师，出去打仗的话，缺乏为将的心理素质，而且马谡容易贪功冒险，不听别人的话，这样会将军队陷入不利境地，所以刘备一直没有重用马谡。到刘备临死的时候，知道诸葛亮很器重马谡，担心会重用他，就特别提醒过诸葛亮，只可惜诸葛亮当时没有听刘备的话，最后还是起用了马谡而痛失了街亭。

　　刘备的特点是能通过与人谈话，观察此人的气度风度，知道此人是不是一个可用之材。他见到诸葛亮后对其推崇备至，原因除了一些人的推荐之外，自己的观察也是非常重要的。刘备曾经与马忠谈过一次话，就说马忠这个人是个人才，还讲过一句名言"世不乏贤"，说这个世界上不缺少贤能的人。刘备很器重魏延，将他从平民之中提为将军，还让他镇守汉中要地，魏延也确实不负刘备的嘱托，忠肝义胆，敢打敢拼，是不可多得的将才。

　　以上的举例和分析，不能不说刘备作为一名管理高手具有强大的预测能力，而他这种强大的预测能力助力他最终成为帝王。

在这里，我列出一张"管理"与"处理"的对比表，供大家加深了解。

表 1-2 "管理"与"处理"的区别

维度	管理	处理
预测性	具有预防性和预测性，把问题杜绝在萌芽状态	紧急情况下的措施
协调性	通过实施计划、组织、领导和控制等职能来协调他人的活动	发生问题后采取紧急的补救措施，以控制问题的扩大化
目标性	使别人同自己一起实现既定目标的活动过程	通常没有目标，只是解决紧急情况下的问题
重要性	各种组织活动中最普通和最重要的一种活动	在组织活动中也同样重要，只有排除问题，才能推进工作

通过表 1-2 中所列的预测性、协调性、目标性和重要性四个维度的对比分析，我们可以清楚地了解"管理"与"处理"的区别。总结一点，作为管理者，不管是实施管理行为还是处理行为，其实都是在解决组织的问题，都是在为组织绩效而努力。

三、"管理"与"领导"的区别

正确区分"管理"与"领导"。在组织当中，我们天天会谈到

"管理"和"领导"这两个词,但是,真正明白这两个词含义的人可能并不多,甚至很多人当了一辈子的管理者,都还没有搞清楚"管理"和"领导"真正的区别和联系是什么。我们用图形来理解和表述,会更让人印象深刻。

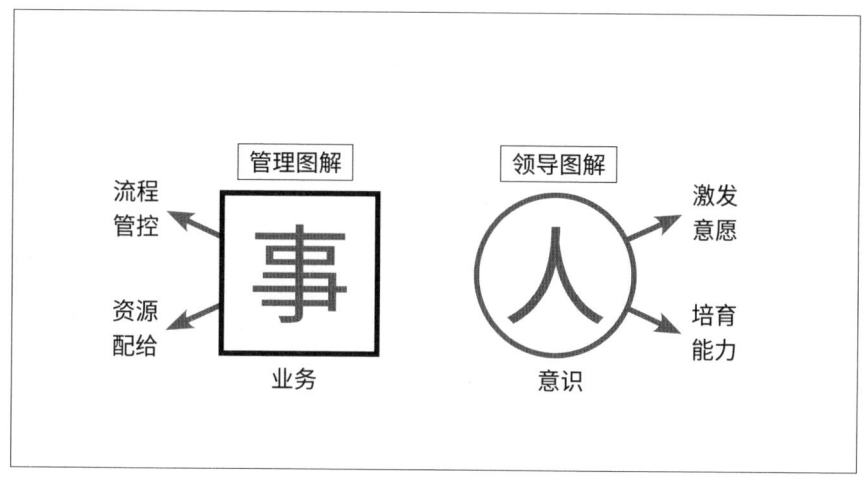

图 1-2 "管理"与"领导"图解

从图 1–2 中,我们可以清楚地看到:"管理"是方形,"领导"是圆形。那么为什么会这样理解和表述呢?我们在"管理"中需要解决的是具体的事情,解决业务上的问题,从而提升组织的绩效,主要关注"流程管控"和"资源配给"的问题;而"领导"则是解决人的问题,解决人的意识问题,主要从"激发意愿"和"培育能力"两个维度出发。

其实,"管理"和"领导"是管理者身上所具备的两种不同的行为表现。"管理行为"主要作用于"事",作用于"目标的达成";

而"领导行为"主要作用于"人",作用于"调动人的主观能动性去达成组织目标"。

在组织中,要想把"管理"实施到位,而且确保组织绩效的达成,首先考虑的是制定标准、制度、规章和作业指导书,让各级人员按照既定的规程和章法来达成目标,这样,使各级人员在管控中完成工作。比如:闻名世界的麦当劳为什么在全球任何一家店里炸出来的薯条和鸡翅都是同一个味道,而且无一例外地都受到了世界各地小朋友的喜爱呢?显然,麦当劳获得成功的秘诀就是用标准化的作业来制作食品和服务客户。这就是"管理"所带来的魅力。其次,一名管理高手手中掌握了组织中的人、财、物等大量资源,这些资源,是为了达成组织目标而授权至管理者手中的,作为管理者要合理、有效地将这些资源分配给下属,为实现组织绩效而努力。如果不会善用资源,就很有可能产生腐败并影响组织绩效的达成。

而"领导"是指管理者在"调动人的主观能动性去达成组织目标"而采取的一种行为表现。其主要关注点在于"人",所以管理高手采用的领导行为主要聚焦在两个方面:一个是通过激发人的意愿,调动人的积极性,促使其更愿意为组织目标奋斗和服务,从而更好地达成目标;另一个是培育人的能力,因为只有人的能力提升了,才能使人具备更好达成目标的技能,从而超乎预期地实现组织目标。

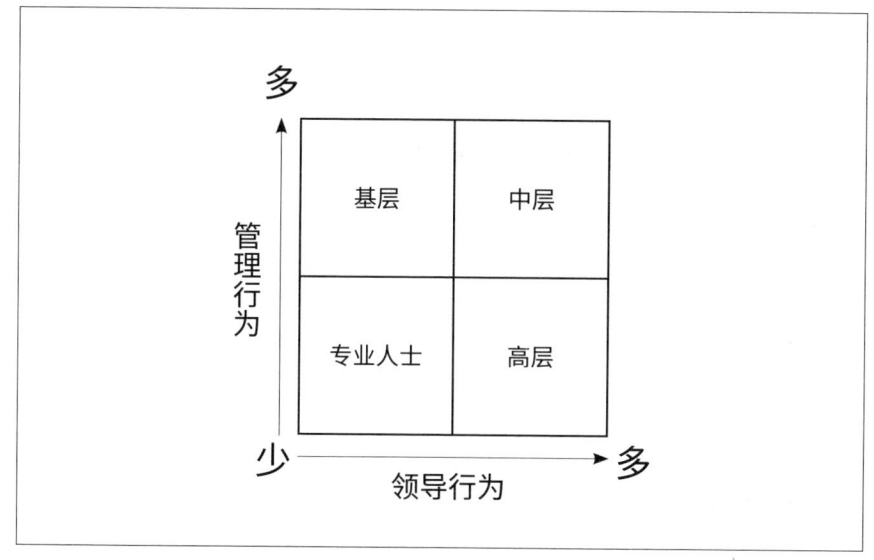

图 1-3 职位高低对管理行为与领导行为的影响

　　其实，组织中所有职位的人员都具备管理行为和领导行为（如图 1-3），包括任何一名业务骨干，他对同事进行时间管理和任务安排时，其实就是一种管理行为的体现。如：一名工程师师傅对徒弟要求每天上午八点半准时上班，下午五点半之后才能下班，这就是管理行为的表现。而这名工程师师傅对徒弟语重心长开展职业指导和人生规划，并劝慰徒弟好好工作时的那番谈话，就是表现出了一种领导行为。作为基层管理者，他的工作重点更偏向于更好地完成组织绩效，所以他的管理行为大于领导行为；而一名公司高管的工作内容聚焦在组织的规划发展、人员培养和战略实施等方面，所以他身上的领导行为多于管理行为。组织中的中层管理者是最辛苦的一群人，因为他们对上要完成上级交办的任务，而对下又要培养人员去完成组织中的工作，所以中层管理者身上的管理行为和领导行为都较多。

总结一下：在一个组织中，当管理者的管理行为多于领导行为时，他更倾向是一名管理者；而当领导行为多于管理行为时，他就会逐步成为组织当中的领导者。从管理者到管理高手，再到领导者，他们的行为也在发生着不同程度的变化。

四、"领导"不是"领导力"

如何正确地理解"领导"和"领导力"呢?

关于领导的定义，不同角度或侧重有着不同的定义。综合分析来看，可表述为：领导是在一定条件下，指引和影响个人或组织，实现某种目标的行为表现或行动过程。其中，把实施指引和影响的人称为领导者，把接受指引和影响的人称为被领导者，一定的条件是指所处的环境因素。领导的本质是人与人之间的一种互动过程。

我们要全面理解领导的概念与实质。首先，要把"领导"与"领导者"两个概念区别开来，在英语里，"领导"（leadship）与"领导者"（leader）是两个不同的单词。在汉语里，"领导"既是名词又可做动词，通常人们习惯把领导者称为领导，把领导者的行为也称为领导。实际上领导者是实施领导行为的人，而领导则是领导者实施领导行为的过程。

领导行为是关键，正是领导行为造就了领导者。凡是实施了领导行为的人（即便他不是上级指派的"领导者"）都是真正意义上的领导者。换句话说，处于"领导者"岗位上的人所实施的行为并非一定属于领导行为，而处于非"领导者"岗位上的人所实施的行为也并非都不属于领导行为。

领导力（leadership）指在管辖的范围内充分地利用人力和客观条件，以最小的成本办成所需的事而提高整个团体的办事效率的能力。领导力与组织发展密不可分，因此常常将领导力和组织发展放在一起。

领导力心理学是以心理学为基础、以管理应用为实践、以组织实验为依托，塑造管理者领导魅力的学科；重新审视管理者的误区，突破管理瓶颈，改善管理氛围；培养管理工作中让别人说"是"的能力——让否定、拒绝、抵抗、放弃变成认同、接纳、支持、执行；应用于领导、管理、沟通、团队、策划、营销等诸多领域。

实际上，我们实施领导行为的影响力并不一定是从领导身上发现的。一个人可能并不是领导，但是他担任了领导的角色，并给你带来了影响，这就是影响力，也就是领导力的来源。

领导力是指影响他人的能力。管理者带领团队实现组织目标过程中，员工是否自觉、自愿地为达成目标去努力奋斗而体现出来的影响力，也是我们通常所说的领导力。

如果在一个组织当中我们对五个人产生影响，就是对这五个人产生了领导力；对一百个人产生了影响，就是对这一百个人产生了领导力，所以说领导力的作用是有特定的范围和人群的。作为一名领导者，他的背后必定有一群追随者，而没有追随者的领导者，我们不能称之为实际意义上的领导者；领导者影响力越大，他的追随者就越多，说明他的领导力就越强。

战场上打仗时，将军的表现决定了部队士兵的表现。同理可得，在一个组织里，管理者的行为表现，决定了下属的业绩表现。因此，下属业绩表现好不好，首先不在于下属的能力，身为管理者不要不问青红皂白就指责下属，建议先要检讨自己，想想自己的行为是否对下属产生正面的影响，是否对组织的绩效产生了贡献。

五、领导力从何而来

管理者的领导力来源，主要表现在以下七个方面（如图 1-4），而管理高手对于领导力的来源和运用更需要融会贯通。每个人的领导力来源在其领导力结构中所占比例各不相同。具体表现为：

第一个是"专家"。管理者本人的专业能力强，在团队中形成影响力，团队中的成员要想获得更加专业的知识或者技能就需要向管理者学习。这时，专业能力强成为影响他人追随的主要吸引力，因此"专家"成为管理者领导力的主要来源。

第二个是"消息"。管理者由于晋升而处于组织中的特殊地位，并因此可以获取更多、更广和更深层次的组织信息，而团队成员为了获得这些对自己有帮助的信息，愿意服从和追随，这时候获取和分享"消息"成为管理者领导力的主要来源。

第三个是"魅力"。管理者也许并不是组织当中最高职位的人员，但是因为人格、品德、能力、言谈、行为举止等等，被大家所喜爱，被大家自发自愿地追随，这时管理者的"魅力"就影响着团队中的所有人。

第四个是"职权"。随着管理者步步高升，无论是喜欢还是不喜欢，日渐高涨的职权都会迫使大家服从你，揣测你的意图，主动为你服务，只因你是权重之人，此时"职权"就很有可能成为管理者领导力的主要来源。

第五个是"激励"。首先说明"激励"分为正向和负向两个方面，管理者善于使用激励手段来激发大家的工作以及服众意愿，让赏罚分明突显你的影响力。

第六个是"关系"。管理者和组织里的重要角色有着良好关系或者特殊关系，借助这层关系能够为你或者为他人带来直接或者间

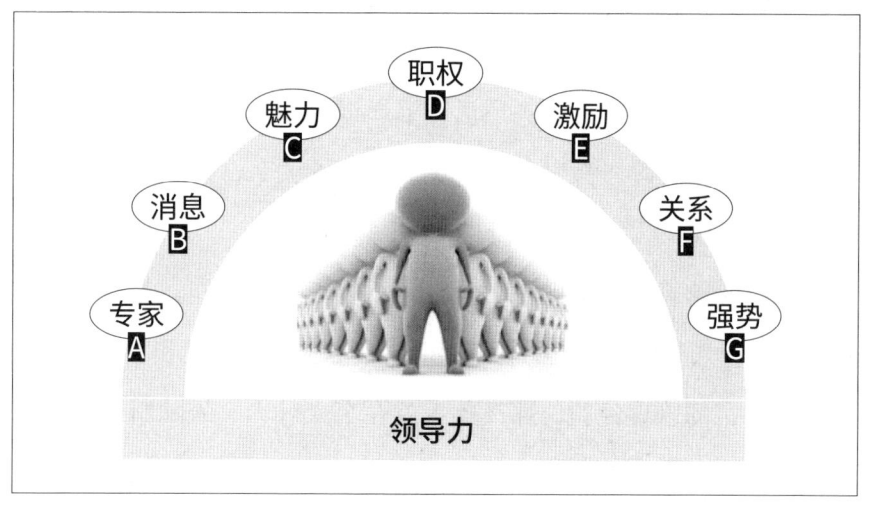

图 1-4　领导力的七个主要来源

接的利益，从而促使团队中的人员愿意服从你和追随你，这时候"关系"可能就成为你在团队中领导力的主要体现。

第七个是"强势"。所谓狭路相逢勇者胜，当两者意见不一致时，强势的一方占有优势，不管下属是否服从，你已经成为一位"强势"的领导者。

在组织中，每个人身上都有这七种领导力的来源，但在每个人身上体现的比例各不相同，从常规意义而言，不同层级管理者的领导力来源结构有一定的规律可循。

基层管理者：通常而言，基层管理者（尤其是新任）的领导力主要源自其优秀的专业能力和业绩表现，而且常伴着强势属性。

中层管理者：晋升到中层以后，随着管辖业务范围扩大，自身的专业能力已经无法完全覆盖住所有的业务环节，这意味着必须要能够管理某些在专业上比自己还要优秀的下属。此时，光靠专家和强势属性已经不够，要开始通过信息的交换以及关系的建立来维持领导力。

高层管理者：晋升到高层后，下属都是精英中的精英，这就需要自己有魅力、善于激励并建立更为牢固的关系，同时需要学会恰当地行使职权。

如果你的管理经验较少，领导力大多来自专业能力和对下属强势的态度；如果你有一定的管理经验，落点大多在消息和关系上；如果你有丰富的管理经验，那么落点就在个人魅力、激励制度和职位上。但是，最好不要光靠职位领导你的下属。当你主要依靠职位来领导你的下属时，你往往会处在危险之中，因为此时的你可能无法听到团队中真实的声音，他们也许已经对你进行了某些信息的屏蔽。

六、人事并重式的领导方式

在一个组织当中，我们既要重"事"也要重"人"，两全其美才是正道。人事并重，是指既关心人，也注重工作，做到关心人与关心事两方面的辩证统一的领导方式。

人事并重式的领导方式认为：组织中的每一位管理者身上具有两种行为表现，一种是管理行为，一种是领导行为。管理行为侧重于关注事，请见图 1-5 左侧；而管理者的领导行为侧重于关注人，

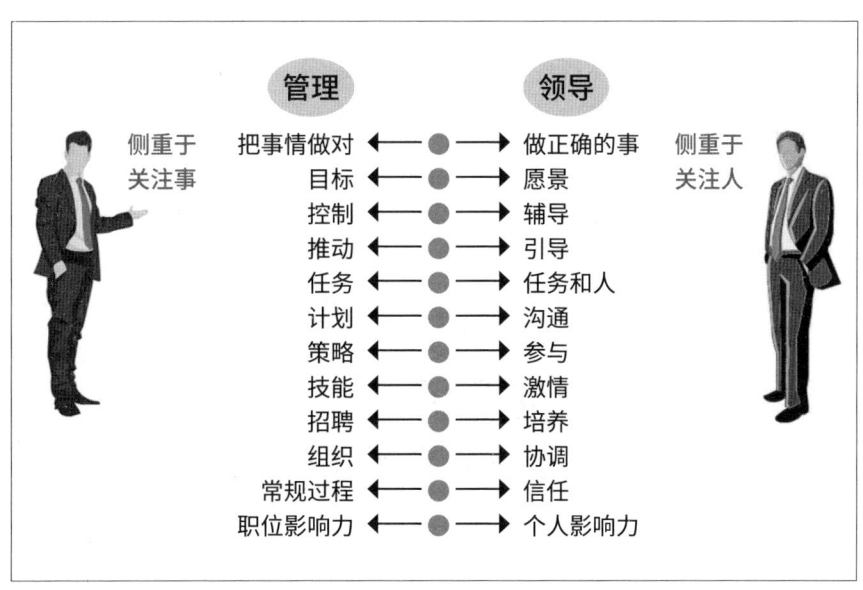

图 1-5 管理行为与领导行为的比较

请见图 1-5 右侧。

人事并重式的领导方式认为：既要重视人，也要重视工作，两者不可以有偏袒，做到关心人与关心事的辩证统一。我们倡导人事并重，管理高手必须具备双重责任，既要实施管理达成结果，又要实施领导培育人才。关注"事"，才能使每个人都有明确的责任和工作目标；关注"人"，才能调动人的积极性，促使其自我成长。

人事并重式的领导方式还特别强调了《组织行为学》里阐述的管理的四大职能：计划、组织、领导、控制（如图 1-6）。其中，组织职能（做什么、怎样做、谁去做等）和领导职能（指导、激励、榜样、解决冲突等）关注的是组织中的人；计划职能（确定目标、

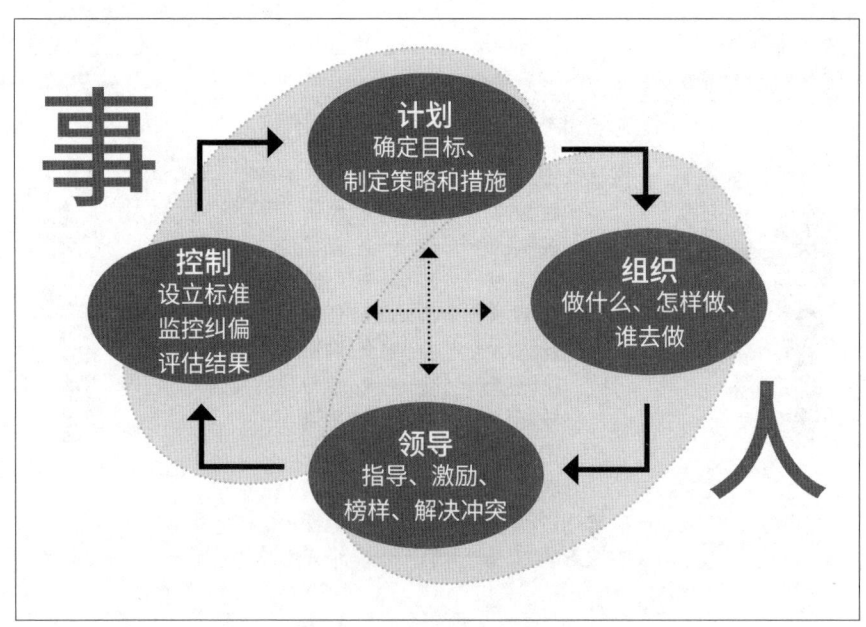

图 1-6 管理的四大职能

制定策略和措施等）和控制职能（设立标准、监控纠偏、评估结果等）关注的是工作中的事。

　　显然，人事并重式领导方式是任何组织都应该提倡的。

第二章

认清角色

经理的工作角色——亨利·明茨伯格（加拿大管理学家，经理角色学派的代表人物）所讲的经理，是指一个正式组织或组织单位的主要负责人，拥有正式的权力和职位；而角色这一概念是行为科学从舞台术语中借用到管理学里来的。角色就是属于一定职责或地位的一套有条理的行为。演员、经理和其他人的角色都是事先规定好的，虽然各个人可能以不同的方式来解释这些角色。

第一节

行为表现

人的行为或活动的方式，指受思想支配而表现出来的外表活动。这种行为或者方式通常成为组织对管理者约定和要求的规范动作，以促进组织绩效的达成和对组织中的成员起到示范作用。

行为的主体是人，而人受认知、思维、情感、意志等心理活动所表现出来的外表活动，构成了人的行为表现。由此可见，行为表现亦指一个人的行为动作的客观呈现，具体表现为一定意志向一定诉求的实践性平移。行为表现也是指行为的主观意思和客观权利所表现出来的行为能力，当然还可以包括客观创设的自然或者社会条件。作为一名组织中的管理者，一定要采取组织所要求或者规定的行为表现，去达成组织所设立的绩效目标以及示范他人，否则，管理者就有可能成为反面教材或者无法达成预期的目标，身为管理高手更要起到模范带头作用。

究竟什么是组织对管理高手所提倡和要求的行为表现呢？经过研究发现，以下三点可以供读者参考：

一、 以身作则起表率

具体的行为表现为：

1. 正直、诚实守信，言行一致，带头践行公司倡导的企业文化；

2. 充分利他，并不论回报地成就他人；

3. 跳出本位，以公司组织利益为重，具有大局观；

4. 对组织的愿景目标坚定不移、正向思维、充满激情、敢于迎接挑战；

5. 对本行业、本职位、顾客、产品、制度、流程了如指掌。

二、 带好团队善沟通

具体的行为表现为：

1. 制定并践行团队共同的使命、愿景、战略目标以及工作计划；

2. 带领团队走向优秀，追求卓越，激发员工荣誉感；

3. 充分尊重、信任员工；

4. 知人善任，人岗匹配，辅导培养下属，激发员工快速成长；

5. 及时客观地赞美下属，公平公正进行评价，论功授奖；

6. 营造相互协作的工作氛围，发挥团队整体合力。

三、解决问题会决策

具体的行为表现为：

1.关注外部环境，研究行业市场与顾客，以顾客满意为导向；

2.了解公司的人脉、制度、流程、存在的优缺点；

3.当现状与理想状态之间出现差距，能拨开表象找出主要问题；

4.提出可行性解决方案，针对多个方案，选择最佳决策方案；

5.应用数据统计分析及各种衡量工具，分清事实与表象，符合逻辑地作出正确判断，分析问题寻找原因并作出正确的决策方案；

6.抓住主要矛盾分清轻重缓急，让有限的资源效益最大化。

通过上面的文字，我们可以得知：正确的行为表现，形成员工学习的标杆和楷模；正确的行为表现，铸造管理高手；正确的行为表现，形成优秀的企业文化。

角色转变

> 角色，反映出人们的身份、生活习惯和举止行为的分类，不同的角色有不同的生活状态和生活目标。人这辈子会经历很多的阶段，每个阶段的角色都是不同的，从孩子转换为成人，从学生转换为职场精英，从业务骨干转换为管理高手，等等。在角色转换的过程中，人的心理、学识、技能、人生观等都会有一定的转变。

从业务骨干转型至管理岗位，由于职位的变化和职位本身的客观要求，需要管理者完成对职位角色认知上的转变。这一认知转变不可能一次完成，需要管理者从理论到实践进行反复、深入的反思和持续的探索，业务骨干要成长为管理高手，这种转变更不可能是一蹴而就的。

一、存在的价值和意义

管理者与专业人员在组织中的角色定位是完全不同的，管理者需要反复追问自己：我的团队使命和存在的价值是什么？我的角色定位和功能是什么？我将如何带领我的团队？我的团队成员对我有何期望？等等。这些问题是管理者必须思考并明确的核心点，当答案清晰时，管理者在组织中的价值和意义也就突显出来了。这里我们一起来看看稻盛和夫是如何做的：

稻盛和夫是日本一位创办了两家世界500强公司的企业家，他对自己的角色定位和企业发展的思考很耐人寻味。他说，他开始创办"京都陶瓷"时，只是想着如何让自己的技术光耀于天下，梦想通过应用自己的技术生产出的产品能够遍布全世界。但企业发展到第三年，11名男性员工拿着印有血手印的请愿书集体和他交涉，要求公司定期加薪和发放奖金。尽管稻盛和夫的公司第一年就盈利，但公司毕竟处于初创和摸索阶段，不可能对员工作出这样的承诺。稻盛和夫和员工们谈判了三天三夜，最终说服这11位员工收回请愿书。但这件事让稻盛和夫不得不思考更为深入的问题：企业存在的意义是什么？肩负着什么样的历史使命？他意识到仅仅向世人展示其技术是不行的，因为这只是一个专业人员的梦想，既无法赢得员工的理解，也不足以维系企业的经营，必须重新定义企业的使命和意义。作为公司的领导人，稻盛和夫开始对企业的使命和意义进行重新定位，经过深入的思考，稻盛和夫将企业的使命和意义定位为"在追求全体员工物质和精神两方面幸福的同时，为人类社会的进步发展作出贡献"。这一定位成为"京都陶瓷"的核心经营理念，让稻盛和夫的角色功能发生了质的飞跃，奠定了"京都陶瓷"走进世界500强企业的基础。

在这个案例中我们了解到专业出身的稻盛和夫怀着让自己的技术光耀于天下的情怀创办企业，而忽略了企业本身的价值以及为员工和社会带来的价值。要知道企业之所以成为企业，是因为它有别于其他社会组织，因为企业存在的目的和意义是：盈利。如果企业失去了盈利的能力，企业本身也就失去了存在的价值。因此，一个专业人员转型成为管理者之后要牢记自己在组织的定位和使命，否则作为一名管理者的合格性将受到质疑，也就无从谈起成为管理高手了。

二、把握组织的职能

组织的职能在一定程度上规定着管理者应当具备的能力和素质。组织中的管理者，需要描绘组织发展的蓝图，为组织发展提供正确的发展思路，指明可行的发展路径。具体来说，其职能主要有以下几个方面：

其一，明确发展目标，制订预测性计划。不管是公共管理或服务组织，还是公司或者企业，任何一个组织都只是该行业中的一个成员，该成员的地位取决于所有成员实力的对比，其地位与实力成正比。作为一个组织的管理者，其最重要的职能，就是要根据组织环境的变化，结合自己在行业中的地位和实际情况，明确组织的发展目标和发展思路，提出组织发展的战略蓝图。

其二，**制定组织经营管理的基本政策**。组织要根据行业发展环境、竞争对手实力、自身实际情况和组织发展战略，制定出适合组织发展的有关人财物和产供销方面的经营管理基本政策。

其三，**设置机构，配备人才**。根据任务类型和业务流程设置相应的机构，为机构选配合适的人力资源。在机构和人员合理配置下，为组织的运营和管理提供服务和支持，从而确保组织创造出最佳的绩效。

其四，**不断完善监督检查的各种手段、办法和规则**。组织的管理者必须根据组织在行业中的地位和作用，结合部门在整个组织中所处的环节，考察和比较部门与同行的实力，分析组织战略，思考部门存在的价值和意义，正确制定部门发展思路，最大限度地发挥部门的职能作用。

三、明确承担的角色

从专业岗位转型到管理岗位之后，管理者要顺应岗位角色的转变。从业务骨干到管理高手后，处在一个承上启下、连接左右的位置，地位非常重要，作为中间力量，是组织的核心，也可以说是"中坚"力量（如图2-1）。这就更加突出了管理者的胜任力（即符合胜任模型特征的要求），也可以视为管理者的内在胜任素质，这些素质赖以发挥作用的前提是，管理者要对自己有一个准确的角色定位。

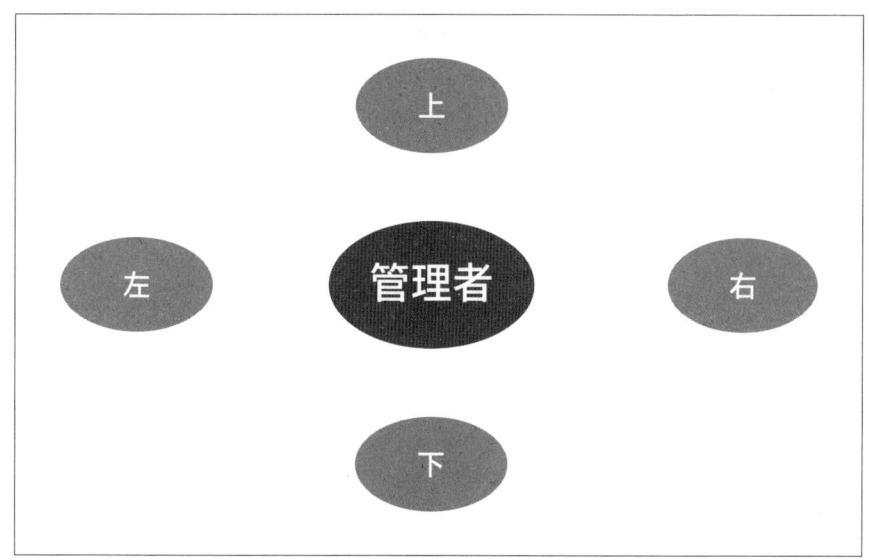

图 2-1　管理者在组织中的角色定位图

加拿大管理学家、经理角色学派的代表人物亨利·明茨伯格研究发现管理者扮演着十种角色，这十种角色可被归为三大类：人际关系角色、信息沟通角色和决策角色。

1. 人际关系角色。

人际关系角色归因于管理者的正式权力。管理者所扮演的三种人际关系角色是领导者角色、联络者角色和代表人角色。主要表现为：

（1）**领导者角色**。在上级面前是被领导者，完成上级指令，在下级面前是领导者，下达指令并对结果负责。由于管理者是一个组织的正式领导，要对该组织成员的工作负责，在这一点上就构成了领导者的角色。这些行动有一些直接涉及领导关系，管理者通常负责雇佣和培训职员，负责对员工进行激励或者引导，以某种方式使他们的个人需求与组织目的达到和谐。在领导者的角色里，我们能最清楚地看到管理者的影响。正式的权力赋予了管理者强大的潜在影响力。

（2）**联络者角色**。在同级面前是联络者的角色，这指的是经理同他所领导的组织以外的无数个人或团体维持关系的重要网络。通过对每种管理工作的研究发现，管理者花在同事和单位之外的其他人身上的时间与花在自己下属身上的时间一样多。这样的联络通常都是通过参加外部的各种会议，参加各种公共活动和社会事业来实现的。实际上，联络者角色是专门用于建立管理者自己的外部信息系统的——起初甚至可能是非正式的、私人的，但却是有效的。

（3）**代表人角色**。在对外沟通和面对客户时是公司形象的代表，代表公司履行各项职责。这是经理所担任的最基本的角色。由于经理是正式的权威，是一个组织的象征，因此要履行这方面的职责。作为组织的首脑，每位管理者有责任主持一些仪式，比如接待重要的访客、出席政府部门的会议、参加某些职员的婚礼、与重要客户共进午餐等等。很多职责有时可能是日常事务，然而，它们对组织能否顺利运转非常重要，不能被忽视。

2.信息沟通角色。

在信息沟通角色中，管理者负责确保和其一起工作的人能够得到足够的信息。主要表现为：

（1）**监督者角色**。作为监督者，管理者为了得到信息而不断审视自己所处的环境。他们询问联系人和下属，通过各种内部事务、外部事务和分析报告等主动收集信息。担任监督角色的管理者所收集的信息很多都是口头形式的，通常是传闻和流言。当然也有一些董事会的意见或者社会机构的质问等。

（2）**传播者角色**。组织内部可能会需要这些通过管理者的外部个人联系收集到的信息。管理者必须分享并分配信息，要把外部信息传递到企业内部，把内部信息传递给更多的人知道。当下属彼此之间缺乏便利联系时，管理者有时会分别向他们传递信息。

（3）**发言人角色**。这个角色是面向组织外部的。管理者把一些信息发送给组织之外的人。而且，管理者作为组织的权威，要求对外传递关于本组织的计划、政策和成果信息，使得那些对组织有重大影响的人能够了解组织的经营状况。例如，首席执行官可能要花大量时间与有影响力的人周旋，要就财务状况向董事会和股东报告，还要履行组织的社会责任，等等。

3. 决策角色。

在决策角色中，管理者处理信息并得出结论。管理者负责作出决策，并分配资源以保证决策方案的实施。一名合格的管理者要敢于而且善于作出正确的决策，使组织中的成员有章可循，有法可依。如果管理者在做决策这个环节上发生了问题或者总是举棋不定，我们有理由去怀疑他的能力。

（1）**企业家角色**。帮助解决部属在目标实施中遇到的问题，管理者对所发现的机会进行投资以利用这种机会。

（2）**干扰应对者角色**。管理者必须善于处理冲突或解决问题，将上级下达的任务转化为部门目标，并有效解决目标实施中的问题。

（3）**资源分配者**。管理者决定组织资源用于哪些项目，要善于发现将来的问题，并将问题转化为机会，作为制定规划的依据。

（4）**谈判者角色**。管理者的谈判对象包括员工、供应商、客户和其他工作小组。管理者进行必要的谈判工作，以确保小组朝着组织目标迈进。

四、角色的"十二变"

由于管理者在组织中所处的特殊地位，因此通常是以多种角色且好像"变色龙"一样的方式存在于组织中，作为管理高手，这种"善变"的能力尤其重要。

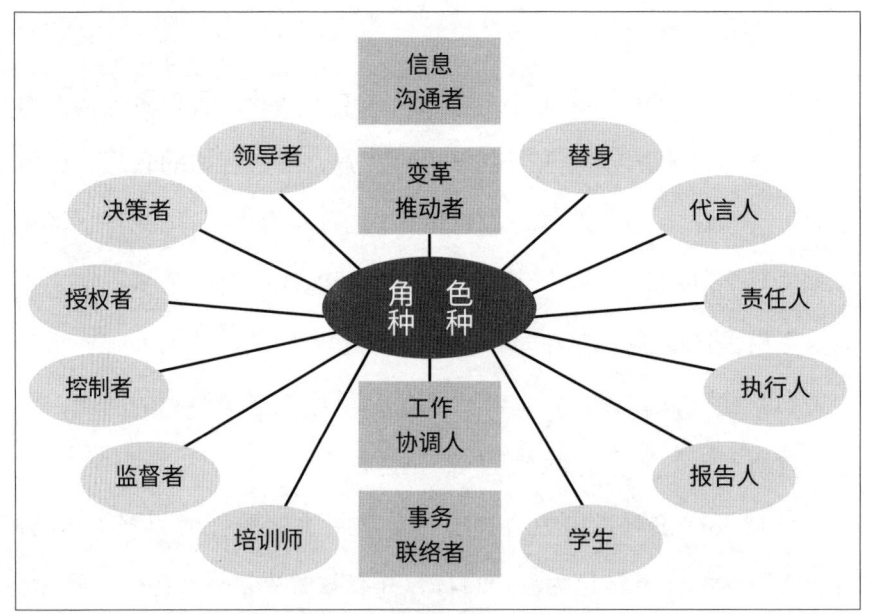

图 2-2 管理者角色的"十二变"

从图 2-2 中我们可以清楚地看到：一名管理者在组织当中，是信息的沟通者，是变革的推动者，是工作的协调人，是事务的联络者。责任重大，承担着组织中的润滑剂职能和促进组织绩效达成的作用。身为一名管理者，在上级面前，是学生、报告人、执行人、责任人、代言人和替身；在下属面前，是培训师、监督者、控制者、授权者、决策者和领导者。管理者是以上十二种角色的融合者。

在组织当中，成为管理高手必须要学会将自己的角色转换并运用自如，具体表现在以下三大类：

第一，在上司面前，是下级，是辅佐者：

1. 作为下属的管理者，是下级，必须遵循职业准则。

2. 职权基础来自上司的委托或任命。

3. 是上司的代表，言行是一种职务行为。

4. 要服从且执行上司的决定，并在职权范围内做事。

第二，在下属面前，是上级，是教练：

1. 作为上司的管理者，是上级。

2. 充当的角色有：领导者、决策者和培训师；授权者、控制者和监督者；游戏规则的制定者和维护者。

3. 作为上司的管理者常见的角色错位有：一是把自己当成业务员和具体的执行者；二是觉得自己是高人一等的"官"。

第三，作为同事的管理者，是平级，作为平级的管理者的正确角色有：

1. 合作伙伴，要主动构建双赢关系。

2. 协作者，要支持同事取得成功。

3. 聆听者，要了解同事的业务。

4. 说服者，与同事之间交流时要注意沟通技巧。

五、会"变"才是真理

1. 思维方式的改变就是人生的改变。

一个人思维方式的改变，将决定一个人行为方式的改变，不论你是自信还是自卑，你的思维方式决定你的成败。我们一起来看看下面三个思维方式可以改变人生的小故事吧：

第一个故事，南非前总统，也是首位黑人总统，被尊称为"南非国父"的曼德拉曾经被关押了 27 年，受尽折磨和虐待，他就任总统时邀请了曾经虐待他的监狱看守到场。当曼德拉起身向看守致敬时，在场的所有人乃至整个世界都静了下来。他说："当我走出囚室，迈向通往自由的监狱大门时我已经清楚，自己若不能把悲痛和怨恨留在身后，那么我仍然在狱中。"曼德拉用崇高的格局和胸怀，告诉我们：原谅他人，其实是升华自己！

第二个故事，两匹马各拉一车货，一匹马走得快，一匹马慢吞吞，于是主人把后面的货全部搬到前面。后面的马笑了："越努力越遭折磨！"谁知后来主人想，既然一匹马能拉货物，为什么要养两匹马？然后就把总在后面的那匹懒马卖给了屠宰场，这就是经济学中的"懒马效应"。"懒马效应"告诉我们：如果你的老板感觉你是可有可无的，那你就站在即将离去的边缘了。

第三个故事，有人问农夫："种了麦子吗？"农夫说："没有，我担心天不下雨，麦子种不活。"那人又问："那你种棉花了没有？"农夫说："没，我担心虫子吃了棉花。"那人再问："那你种了什么？"农夫说："什么都没种，我要确保安全。"农夫用他的实际行动告诉我们，一个不愿付出、不愿冒风险的人，一事无成对他来说是再自然不过的事了。

上面三个故事给了我们什么样的启发呢？成功者只有两点：一是做事成功，二是做人成功。做人不成功，做事成功只是暂时的；做人成功，做事不成功也是暂时的。成功根本没有秘诀，如果有的话，只有两个：第一"坚持到底"，第二"永不放弃"。当你想放弃的时候，请你按照第一个秘诀去做，万事只怕有心人。

其实，对于一个人来说最大的束缚不是绳索，而是思想；一个组织的业绩突破是先使管理者突破思想的束缚，再去进行行为的改变，自然就可以让组织的利润倍增。

在组织当中，业务骨干常见的思维模式是：提升个人的能力以为组织产生更高的绩效，从而使个人的利益最大化；所以说业务骨干主要考虑本岗位的工作内容和利益，最多会想到本团队的利益，当个人利益与他人利益发生冲突时，会以自身利益大于团队或者他人的利益来考虑。

而管理高手必须是以帮助团队中的成员成长来提升整个组织的绩效，主要思考如何提升他人的能力，所以考虑的是团队的工作内容和利益，甚至是整个公司和集团的大利益，当个人利益与公司和集团的利益发生冲突时，一定要服从大局，放弃个人或者小团队的利益。

在这两者的对比当中，我们可以清楚地看到业务骨干和管理高手根本的区别在于他们思维模式的变化，导致行为的改变，从而产生不同的结果。

2. 日常着装与言谈举止的学问。

业务骨干平时着装较为随意，只要不伤大雅也就不会太多在意，在与人沟通交流方面也不太注意技巧和方式，他们考虑的是个人的专业能力和完成业绩的情况，只要工作成果符合组织的要求即万事大吉了。

管理高手的日常着装和言谈举止的要求就不同了，他们常常要代表部门开展跨部门的沟通，甚至代表公司与其他企业开展业务往来，或者与政府部门开展交流，作为一个组织的管理者，言谈举止代表的是组织的形象和行为，千万不可小视。

李襟怀是一名职业培训师，今年七月份受邀来到深圳科技园的一家互联网企业授课。互联网企业的员工都很年轻，管理层也基本上是以 90 后为主。让李襟怀意想不到的是，这次针对该企业管理层进行的领导力授课，近三十名管理层学员当中，有三分之一的人是穿着短裤和拖鞋来上课的，这确实是李襟怀老师在 10 年的职业培训师生涯中头一次遇见。趁着课程还没有开始，李襟怀与几位学员聊了起来，了解该公司的企业文化和他们为什么穿着拖鞋和短裤就能来上班甚至来上课。李襟怀确实很好奇。"李老师，我们平时上班就是这样着装的，因为我们是互联网公司，老板对我们的管理都很宽松，考核我们的指标是业绩而没有着装这一项。"公司设计部的经理王一明笑着回答。

李襟怀也笑了，面对着近三十位企业管理者，他说："如果今天来的不是我，而是市长来参观公司，我想问一下大家，你们也是这样着装吗？"这一句问话，把大家说愣了。王一明不好意思地挠挠头说："那应该不会吧。"李襟怀接着说道："我尊重贵公司的企业文化和管理制度，但是我希望作为企业的管理者也要遵守一下我们中华礼仪之邦的基本礼仪。虽然公司制度里面没有写参加培训是需要正式着装的，但是我今天来到了咱们公司开展企业内训，也是公司的一名客人，我们应该要按照中国仪礼文化的要求来吧。"

李襟怀老师继续和大家交流："作为企业中的一名管理者，特别是擅长带团队的管理高手，其实都明白，自己的着装和礼仪，不仅仅是代表个人，更是代表团队或者公司的形象；不一定要求你天天西服领带，但是，最起码要在工作时间穿上衬衫、长裤和皮鞋，你的一言一行同时也是你的员工和下属效仿的标准；同时，你的良好形象也会让你的企业精神风貌焕然一新，让你的团队成员更加斗志昂扬。"

不知道什么时候，公司人力资源总监蒋雯琴站在了教室后面。当李襟怀的话语刚落下时，蒋雯琴向李老师投去赞许的眼光，同时带头鼓起了掌。

3. 处事方式的蜕变。

通过表 2-1 来对比分析一下业务骨干和管理高手在处事方式上有哪些不同：

表 2-1 业务骨干与管理高手处事方式对比表

分类	业务骨干	管理高手
角色	运动员	教练员
能力	业务能力	管理能力
控制	直接控制	间接控制
业绩	个人业绩	团队业绩
认可	受人喜欢	受人尊敬

通过表 2-1 的对比分析，我们可以清楚地了解到业务骨干和管理高手在处事方式上的不同表现。

第一，从角色来看，业务骨干好比是运动场上的运动员，所具备的要求是个人能力要强，只有自己跑得快才能为组织创造荣誉和绩效；而要想成为管理高手，就必须要求将自己的能力和特长转换为培训课程，努力培养自己团队的队员，让下属成长起来，让大家都比自己跑得快，所以管理高手的角色已经转变成为教练员。

第二，从能力上看，业务骨干着重提升自己的业务能力，通过业务能力展现个人的才华与魅力，并为组织提升绩效；而管理高手更加强调处事方式，运用恰当的管理方式来统筹资源，通过资源的协调和配置来达成目标。

第三，从事务的控制上看，业务骨干是在一线工作的人员，直接面对各项生产任务和销售客户，所以在处事方式上表现出直接控制；而管理高手是在指挥部指挥千军万马的司令员，需要通过各种数据和情况分析，作出指挥决策，因此在处事方式上是间接控制。

第四，从业绩比较上来看，业务骨干看重的是通过自己的努力实现个人业绩的达标及突破，而管理高手是以团队业绩为考量标准，所以管理高手在处事方式上，重在帮助团队每一位成员获得更多的资源和业绩增长，从而使组织获得的绩效最大化。

第五，我们再从获得认可的角度来看看，业务骨干由于专业能力突出，业务完成情况好，所以得到大家的欣赏和赞誉，业务骨干本人也会由此产生价值认同感；而管理高手不是直接参与业务，而是在后台默默地支持和帮助团队成员成长，并获得业绩，所以管理高手是幕后的指挥者，在他的下属获得成就和认可时，他也成为受人尊敬的人，实现了自我价值。

总的来说，业务骨干的工作方式，是听令于上级的工作安排，按照上级的指令开展工作，所以更多的是关注自己的能力、业绩和成长，由此而获得在组织中的价值认可；而管理高手由于是间接管控业务，对下属进行指导和帮助，所以要学会"发号施令"的技巧和艺术，这也是一项工作中强大的软技能，是在处事上的重大转变。

另外，业务骨干的职责是坚决服从于岗位的要求和安排，发挥螺丝钉的精神，充分体现出适应性和专研性，是组织中的专才；而管理高手更要懂得重用人才，把合适的人放到合适的岗位上，发挥出人的最大价值，从而才能更好地促进组织绩效和目标的达成。

第三节

知人善任

汉高祖刘邦说："夫运筹策帷帐之中，决胜于千里之外，吾不如子房。镇国家，抚百姓，给馈饷，不绝粮道，吾不如萧何。连百万之军，战必胜，攻必取，吾不如韩信。此三者，皆人杰也，吾能用之，此吾所以取天下也。项羽有一范增而不能用，此其所以为我擒也。"这一番话不仅指出了每个人的才华优势，更说明了刘邦知人善任的特点。

知人善任，把合适的人放在合适的岗位上，为组织创造出最大的绩效。众所周知，管理是通过他人来完成工作，如何让他人为组织带来更大的绩效呢？这就需要管理者具有相当强的识人和用人能力，这也就是我们通常所说的知人善任，这也是成功转型的管理高手必备的能力。

一、择将有术巧安排

小时候，我最大的快乐是听收音机里的评书：《三国演义》《隋唐演义》《杨家将》《水浒传》等等，听得津津有味。长大后，常常想，评书故事中的主将官在排兵布阵时，会根据什么原则来进行安排呢？大家可能会说："当然是根据每一位将领的能力来安排了。"仔细一想，主将官仅仅是根据一个人的能力来进行工作安排吗？这让我想起《三国演义》中的一个故事：

刘备和诸葛亮要率大部队去攻打西川，以建立真正属于自己的地盘——蜀国。在驻守荆州的候选人上，当时有关羽和赵云两人，刘备最终选定让关羽驻守，而带走了赵云作为贴身保镖。这究竟是什么原因呢？当然，关羽作为刘备的二弟驻守荆州，理所当然，也是让刘备放心的人选，并且关羽武艺高强，谋略也是相当了得的。

但是，大家千万别以为是因为赵云的能力不行才不让他驻守荆州的。论能力，关羽与赵云不相上下；论谋略，赵云也是一员智勇双全的大将。而其原因是赵云与关羽性格不同，赵云适合当刘备和诸葛亮的贴身保镖，而关羽的性格更适合为一方太守。

由此，我们看到职场中一个人有能力固然重要，但是性格也会影响一个人的职业发展。在组织中我们常常可以发现，被淘汰的那个人往往不是因为能力有问题，而是因为性格与组织文化不匹配才被淘汰。所以说，我们在培养人才的时候，通常可以容许一个人的能力弱一点，业绩差一点，但是绝对不允许这个人的性格是组织不可以接受的。

管理学上有一句话是这样说的："优秀的人才不是培养出来的，而是选择出来的。"我很认同这句话，一个优秀的人才首先必须具备被培养的潜质，是一个可塑之材，然后他才可以在上级或师傅的栽培下，慢慢成长起来，成为组织所需要的人才；如果这个人本身就不具备被培养的条件，那么你对他花越多的时间培养，浪费越严重，起到南辕北辙的效果，"朽木不可雕也"就是这个道理。

因此，在人才培养的问题上我们一直强调："择将有术，定位为先。"首先要选对人，然后要对人有正确的定位，以及恰当的运用方向，这样这个人在组织当中才有可能产生价值，才有可能人尽其才发挥出作用。

我们还要把组织里的人进行合理的区别，让他们在合适的岗位上发挥出价值和作用。我们把人分为三个层次——人手、人才和人物，分别代表的意思是：

人手：能独立干好一摊事的人。

人才：能带领一班人干好事的人。

人物：能审时度势、制定战略的人。

在组织当中，这三种人都有着非常重要的作用，如果不重视人手，则没有将绩效落地和执行的人；如果不重视人才，则没有人来带领团队号召大家一起把活干好；如果没有人物，则没有人根据行业和市场的情况来制定经营战略和指挥发展方向。所以说在一个组织当中，所有人都有着其重要的价值和作用，只有团结起来拧成一股绳，心往一处想，力往一处使，才能最终达成既定的组织目标。

二、知人善任之一：认同价值观

所谓知人善任：首在知人，其次是善任。知人：就是要了解人，指的是对人的考察、识别、选择；善任：就是要善于用人所长，指的是对人要使用得当。知人善任：就是要认真地从多个维度考察员工，发现员工的优势和不足，把每个员工安排到适当的岗位上去，充分地让他们发挥自己的特长、施展才华。

在组织中研究用人时，常常会有一个"底线思维"，即什么是用人的最低标准。很多人会想到是："品德"。一个品德高尚的人当然是受尊敬和欢迎的人，这一点我们从来不否认，但是这种人是不是组织所需要的人才呢？可以先分析一下：比如在一家企业当中，在选择我们所需要的人时，都把"品德必须高尚"作为用人底线，而其他条件可以适当放宽的话，那我们招聘的人员是否能为企业创造出最大的绩效呢？换句话来说，品德高尚的人一定是可以为企业创造绩效的人吗？

众所周知，"企业"之所以称之为"企业"，是因为"企业"的存在是以营利为目的，任何不以营利为目的的组织，都不能称为"企业"。既然企业是以营利为目的而存在，如果品德高尚的人不能为企业创造利润，企业是否还需要这样一种人呢？带着这样的困惑，我们必须重新思考什么样的人才标准是企业的"用人底线"。作者本人通过近三十年的人力资源管理工作的研究和实践，发现用"价值观"来替代"品德"，更适合作为"用人底线"。

所谓价值观，是基于人的一定的思维感官之上而作出的认知、理解、判断或抉择，也就是人认定事物、辨别是非的一种思维或取向，从而体现出人、事、物一定的价值或作用；在阶级社会中，不同阶级有不同的价值观念。价值观具有稳定性和持久性、历史性与选择性、主观性的特点。价值观对动机有导向的作用，同时反映人们的认知和需求状况。从企业管理的角度来说，价值观是一个人对一家企业文化和理念的认同、理解。企业的创始团队在多年的经营管理中沉淀而形成的一套行文做事的理念、方法和文化，就是企业的价值观，而对这种价值观的认同和理解，决定了一个人能为企业全心全意地投入与付出，因此，以"价值观"作为"用人底线"，更容易让我们选择到适合企业发展并自觉自愿为企业创造价值的人。

为了使读者更容易理解"价值观"与"用人"的关系，我们来看看四种价值观与业绩表现的管理情境：

第一种：业绩出色并且融入企业价值观的员工。对于这种员工，我们应该对他们委以重用，这就是为我们企业创造财富的最佳员工，员工因为认同企业价值观而充分展现才华和能力，使自己在企业中创造出最佳的绩效；同样企业也因为拥有这样的员工而自豪，企业与员工之间实现双赢。

第二种：融入企业价值观但偶尔犯错的员工。对于这样的员工，我们如何做才能为其在企业中创造出成长的环境呢？其实大多数员工发现，自己的成长道路就是这样的：因为认同这家企业的价值观，所以自觉自愿地投入到这家企业的经营和发展中，但是由于自己年纪轻、经验少和资历浅等原因，在工作中偶尔会犯错误，甚至会给企业造成一定的损失，这时候此类员工得到了企业领导人的理解、包容和培养，在上级、师傅和同事等人的教育和培养中逐步成熟和成长起来，慢慢成为第一种人，即既认同企业价值观又业绩出色的员工。

第三种：**不接受企业价值观也没有业绩的员工。**对于这样的员工，我们当然不可以心慈手软，最好的方式是让其离开我们的企业，因为这样的人对于企业来讲是一种负债，在财务管理中，对待负债要清除，才能保证企业后续健康地发展。这里有一点是特别提醒管理者要注意的，俗语说"请神容易送神难"，所以恰当地处理好企业与离职员工之间的关系也是至关重要的环节，管理者要与人力资源部门的人员共同配合，处理好员工的正常进出手续，不要让"负债员工"在离职的过程中带来不必要的麻烦。

第四种：**不接受企业价值观但业绩出色的员工。**其实处理好这种员工是对所有管理者的挑战。首先，对于这样的员工，我们需要考虑是否要继续使用。如果继续用，会给组织及管理者带来什么样的麻烦？如果不用，那会给组织及管理者带来什么样的损失呢？如果不用的话，对于管理者来说，肯定会背上一个"不会善用人才"的坏名声，也就可能会显示出管理者没有宽广的胸怀和格局，也没有容人的气量。因此结合多方情况，给出的建议是：用。因为这种员工是有能力的，至少在帮助管理者达成组织目标方面是没有问题的，但是问题在于管理者如何驾驭好这样的员工，因此，对管理者的挑战就出来了。要知道，凡是有能力的员工都会存在有个性的情况，从包容的角度来说，我们允许员工个性的存在，但同时管理者也要给出制度的底线，在底线之内允许其展现个性，但是绝对不可以挑战或者突破底线，否则，还是要将其去除于组织，对于组织中所有人来讲保持相对的公平性。

三、知人善任之二：甄别员工成熟度

管理者在评价员工时通常用一个定量的词来描述，其实这是一种不全面、不理性和不科学的评价方式，如果只是用"小张还行，小李还不错，小王就差一点"这样对一个员工进行定论的话，那真是管理者的笑话了。因此为了让管理者对员工的评价更加规范，我们引入了"员工成熟度"这个概念。

"员工成熟度"是从能力、意愿和信心三个维度，全方位概括描述一个人在组织中行为表现的立体状态，在本书中我们将以"识人三角"来对应能力、意愿和信心。（如图2-3）

所谓员工成熟度，就是员工在组织中面对工作的胜任力情况，面对工作时是否自觉自愿地去专注做好，面对工作时是否有充分的信心去完成，而表现出来的行为状态。我们根据员工的行为状态不同而把员工的成熟度区分为高、中、低三个档次。每个档次都代表员工是具有成熟度的，只是程度不同而已。

管理因人而异，员工的成熟度不一样，管理者采取的方法和策略是不一样的。如果管理者对于所有的员工采取同样的方法，效果会适得其反。从管理学角度讲，对于不同层面的员工，管理者应依

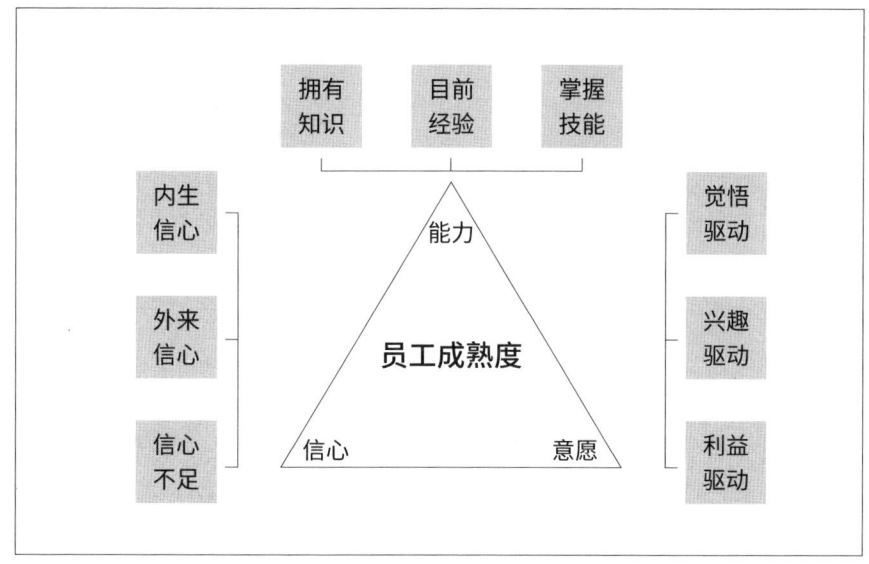

图 2-3　"识人三角"与员工成熟度

据成熟度采取不一样的管理方法，这才叫作对接人性的需求。下面这个故事很能说明这个问题：

　　从前，有位徒弟问他的师傅："师傅，你为什么对有些徒弟有打有骂，对有些徒弟进行说教，但是对有些徒弟却彬彬有礼？"师傅是这样回答的：

　　"对于悟性高的人，因为他的心量很大，所以就可以直指人心，可打可骂，可以严格地训斥。

　　"对于悟性普通的人，因为他的心量有限，所以你这个时候要跟他多讲隐喻，要注重分寸，因为他容不下你对他更高的要求。

　　"而对于悟性较低的人，你必须双手合十，面带微笑，而且要不断去点化他，不能够过多地训斥和指责，否则你会破坏他的心态。"

这个故事从管理层面上讲，就叫因人而异，员工成熟度不同，管理者采取的方法和策略也不一样，也就是我们常说的因材施策。

1. 对于成熟度不高的员工：注重梦想的塑造。

对于初入职场的新人，管理者要注重的就是对他们梦想的塑造，以及对人生目标和方向的规划；如果说管理者对于这些成熟度不高的员工，一来就进行非常严格的训斥，会发现是很容易被抵触的。特别是对于90后或者00后的员工，如果在他们还没有接受和认同公司的制度和文化，也没有对未来有清晰的梦想和期望的时候，管理者采用了非常严格的管理方式，他们是会抗拒执行的。因此对于成熟度不高的员工，应该首先做人生规划和梦想的管理，希望能够通过公司发展的平台，帮助他们实现一级又一级的进步，还有加薪成长。

对于成熟度不高的员工，管理者要激发他们的目标和发展动力，然后要手把手地教导，经常紧盯着，因为他们的很多技能还不够成熟，千万不要做放羊式的管理，这个时候管理者所采用的管理方式就是保姆式的管理。这种保姆式的管理就要求管理者平常要多盯着工作的过程，才能有好结果；如果在这个过程中，发现工作出现问题，管理者要积极地鼓励他们，而且要主动帮助纠偏。

在武汉高校双选会上，深圳实达公司人力资源总监王仪婷招聘了几名实习生到公司工作。其中有一名叫作张玉明的小伙子被分配到人力资源部工作，由王仪婷亲自担任张玉明的工作导师。

　　由于第一次在企业中工作，几位实习生既兴奋又紧张，难免在工作上出现些差错。张玉明就表现得特别明显，有一次把王仪婷交办给他整理的新员工人事档案的内容全部搞乱了，而且摆放顺序也是一团糟，这让王仪婷感觉很尴尬。出现了这样的问题张玉明很紧张，而王仪婷在面对这个情境的时候，并没有过度地批评和指责张玉明，而是帮助他分析做错这件事的原因是什么，做错了后会给今后工作及其他同事带来什么样的麻烦；然后，再手把手教会他正确的做事方法和步骤，一边教还在一边从旁指导，看着张玉明把新员工的人事档案重新正确整理并规范归档。在休息的空隙，王仪婷还把张玉明约到茶水间喝了一杯咖啡，分享了她在实达公司工作八年的心得和体会，并讲述了自己如何从一名人事专员成长为公司的人力资源总监的经历，帮助张玉明再次明确了他现阶段的工作重点内容和未来的职业发展规划，树立了目标和明确了方向。张玉明又开开心心、精神饱满地投入到工作当中去了。

　　职场中，当一个人有清晰的目标方向的时候，管理者接下来在批评和指导他的时候，就可以告诉他：**错误是一个人成长最快的老师**。在他接受这个理念之后，告诉他第二句话：**一个人改正错误的速度就是他成长的速度**；第三句话就是：**你成长的速度必须快于你父母衰老的速度**。最后管理者还要补充一句："所以你现在要珍惜每一次犯的错误，我作为你的领导就要对你纠偏、对你辅导。"成熟度不高的新人在接受了这些理念之后，会很乐意去配合，很乐意去接受管理者的批评和指导。

2. 对于成熟度高的员工：授权式的管理。

成熟度高的员工已经逐渐发展成公司的业务骨干了，成为公司发展的主要奋斗者，这个时候对他们的管理就不要用保姆式的管理，而要采用授权式的管理，让业务骨干员工有成就感，管理者要重视结果而不是过程。当然像这样成熟度高的员工也要做好过程的节点汇报，比如每周的运营周会，每个月的月度总结会，让业务骨干们都能够在每周或者每月汇报工作过程及阶段成果。

对于成熟度高的员工，管理者要注重的是激励，让他有成就感，通过运营的节点管控来加强他的紧迫感。这就是说，对于成熟度高的员工要紧抓两种感觉：一种感觉是紧迫感，另外一种感觉是成就感。

而对于成熟度高的公司高管人员，管理的方法又不一样，因为他们是公司的高管，心量很大，跟随公司有了一定的时间，对公司的文化高度认同，像这样心量大的员工，要直指人性。如果说你身边有几个长期跟随着你的人，当然你要对他尊重，对他的利益也必须要充分地考虑到。有了利益和尊重以及情感的黏度，能够形成强大的背靠背的信任，在这个前提之下，对他的管理就可以直指人心，就可以直接批评，直接指出他的要害和问题所在。因此，就没有必要再遮遮掩掩。

所以，作为公司级别较高的领导人，对基层的员工千万不要采取直接批评式的管理。这就是：员工的成熟度不同，采取的管理方法和方式要完全不同。

我们来分析一下员工成熟度的三个表现维度：

（1）**能力**。能力是指员工达标完成工作任务所具备的技能。能力表现为三个层次：拥有知识、目前经验和掌握技能。

拥有知识，是指学习过某种技能或者方法，但不一定很熟练掌握，比如学生在学校学习过某项专业技能，但没有在社会或者企业中实践过，这时候的能力状态我们称为拥有知识，拥有知识在能力层次中属于低能力。

目前经验，是指具备某种能力而且学习和运用过，曾经取得过组织认可和价值，但是有一段时间没有运用了，我们称这个之前所拥有的能力为目前经验。这里要特别注意的是：之前工作所拥有的经验，是指做事合格、达标或者成功的经验，而不是失败的经验。目前经验在能力层次中属于中能力。

掌握技能，比较好理解一些，就是指之前到现在，包括未来都是在做这一件专业的事情，没有变化过，并且在多年的实践中得到了组织认可和价值，并转化为经济效益，这种能力我们就称为掌握技能，掌握技能在能力层次中属于高能力。

（2）**意愿**。意愿是指员工在工作中的努力程度和自觉自愿付出的表现情况。"京都陶瓷"的创始人，被称为日本经营管理之神的稻盛和夫把员工的意愿区分为三个层次：利益驱动、兴趣驱动和觉悟驱动。

利益驱动，是最低层次的驱动力量，指员工为了满足个人的利益需求，愿意为组织贡献力量，比如：给员工发工资，员工才会来上班工作，如果不给员工发工资，员工就不会来上班工作了。利益驱动是人的最基本驱动，并不可耻；另外还要特别明确一点，利益并不一定是指钱，因为每个人的利益需求点是不一样的，有的人是为了钱，也有的人是为了名，还有的人是为了利。

兴趣驱动，是中层次的驱动力量，员工为了个人的爱好或者兴趣而产生的驱动力量，比如因为爱好计算机而从事了编程方面的工作，再比如说因为喜欢踢足球而去教小朋友踢球，当上了足球教练，这些都是因为兴趣而产生了驱动，因此对工作的投入意愿度会高很多，当然产生的绩效也会高于利益驱动而产生的绩效。

觉悟驱动，是高层次的驱动力量，觉悟驱动是不以个人利益或者小团队的利益为考虑对象，而是为了满足绝大多数人的利益而考虑的，比如说，马路边维护交通安全的义工，就是属于觉悟驱动的人；再比如说，王鹏在深圳工作挣钱后回老家开了一个小工厂，解决了100人的就业问题，虽然这100人的小工厂产生的效益并不高，可能还不如王鹏在深圳打工挣的钱多，但是王鹏很高兴也很愿意这么做，因为他觉得自己解决了老家100人的就业问题，他的做法是值得的、是有价值的。王鹏的这种驱动就是为了大多数人的利益而考虑的觉悟驱动。

（3）信心。信心是指员工努力工作后得到了上级的认可和鼓励后而表现出来的一种自信。信心的状态也表现出了三个层次：信心不足、外来信心和内生信心。

信心不足，是员工面对工作时表现出来的最初状态，有点怯场，不敢面对或者无从下手，当员工信心不足时，说明员工是盲目且茫然的。而对此时的员工，管理者要多花时间培养和训练，使员工掌握工作开展所具备的能力和方法，从而使其慢慢有信心面对工作并逐步胜任工作。信心不足是员工低信心的状态表现。

在管理者的精心栽培下，员工逐步掌握了开展工作的流程和方法，在管理者的带领下，也可以逐步胜任岗位工作了，此时当管理者请员工独自面对和承担工作时，员工又会表现出一种望而却步不自信的状态，而管理者知道自己的员工已经具备了做成此事的能力，所以马上给予员工鼓励，比如："你放心大胆去做，如果碰到问题可以和身边的同事请教交流，或者直接问我也是可以的，我会全力以赴帮助你的，放心吧，大胆去做，我对你有信心。"于是，员工在你给予的外来信心鼓励下，慢慢敢于独自面对，并且从小心翼翼到落落大方完美地完成了工作。员工此时的状态，我们就称之为外来信心。外来信心，是中信心的状态。

内生信心，是指员工已经可以独自承担岗位工作，并且完成得非常出色，得到了上级和公司领导的认可和表扬，员工由内往外而产生出来的一种信心，我们称之为内生信心。内生信心是高信心的状态。

从员工成熟度的这三个表现状态来讲，我们要注意以下两个方面的事项：

第一，员工的成熟度不是固定不变的，是随着员工的情况不同而发生改变的。我们一起来看一个案例吧：

王庆军是一名刚刚毕业的大学生，在大学里学习的是机械制造专业。大学毕业后来到国内著名的企业——北方机器制造有限公司，王庆军觉得找到了一份专业对口的好工作而且又是名企，非常高兴，认为只要能在这家公司干下去就好了，为企业和国家作出自己的贡献，根本不在乎工资情况和其他待遇要求。

这个时候我们来分析一下王庆军的员工成熟度：能力是拥有知识（低能力），意愿是觉悟驱动（高意愿），信心是信心不足（低信心）。

王庆军报到后，公司培训部首先对其开展了入职培训和安全教育，这个学习周期大约 1 个月的时间。王庆军正式上岗后，按照公司的规定，大学生必须在生产一线锻炼一年后才能重新分配工作岗位。这一年当中，王庆军勤勤恳恳，努力好学，由于他很聪明，适应环境的能力也很强，很快掌握了生产的专业技术，一些老师傅要学好几年才能学会的制作工艺，他不到一年就学会了。王庆军生产的产品品质非常不错，得到了上级主管和公司领导的高度认可，同事们都很欣赏他，他工作起来也得心应手了。

在这一年期间，与他一起来公司工作的同学有几位离职去了民营企业工作，听说工资比现在公司要高很多，王庆军其实也是有一些动心的。这一天，他的好朋友张立新来找他聊天，又谈到了是否换工作的问题，这一次王庆军深深地陷入了思考当中，因为他也动心了。

此时，我们再来分析一下王庆军的成熟度：经过一年的培养和锻炼，他的能力提升为目前经验（中能力），这时候他的意愿却降低为利益驱动（低意愿），工作成果得到了肯定和赞美，他由内而外产生了一种自信心，是内生信心（高信心）。

通过上面案例中王庆军两次成熟度的对比分析，我们可以清楚地看到，一个人的成熟度是会变化的，会随着人的能力提升、工作时间长短、勤奋程度等因素而产生变化。另外，员工成熟度不是指一个人的情况，而是指这个人在工作状态或者工作情境中的表现。比如说，一名司机会开车，开车水平是掌握技能（高能力），我们不要以此断定这个人各个方面都是高能力，因为这名司机可能在其他能力状态方面并不佳，比如他可能不会写文章，也可能不会管理员工，还有可能不会处理人际关系。因此，成熟度是针对工作状态或者工作情境来判定的，而不是给一个人来定性的。

第二，识别员工成熟度的几个小贴士：

首先，要针对具体的任务。

判定员工成熟度时要根据员工当时所做的具体事情或者任务来进行判定，而不是针对员工个人来进行判定。相同员工或者不同员工在不同事件上所表现出来的成熟度是不同的。

其次，要注意拥有知识并不能保证其掌握技能。

一个人拥有知识不一定说明他以后就一定会掌握技能，换句话说，一个人学过某种技能但不一定能将其转换为价值，不能转换为价值的技能是没有价值的技能。

再次，不要把热情与能力混淆。

一个人的热情度越高，越要怀疑他的真实能力情况，中国有句俗语："满瓶水不响，半瓶水晃荡。"所以，当一个人反反复复地在上级面前表现他的热情时，建议多观察一下他的实际能力。

最后，从识别到提升，能力最易，信心次之，意愿最难。

能力最容易提升，意愿最难改变。但组织中的绩效降低时，我们很多时候是通过员工能力提升来促进绩效的提升，其实我们可以换个思路，如果先激发员工的意愿再来提升员工的能力，就变成水到渠成之事了。

四、知人善任之三：善任五维

众所周知，一个员工能不能为组织产生贡献和价值，与管理者对他是否任用恰当有着重要的关系，只有把合适的员工任用到合适的岗位，才能发挥出最佳的价值，所以说，管理者必须具有善于用人的能力。综合多年的实践经验，我认为特别要注意以下五个方面（如图 2-4）：

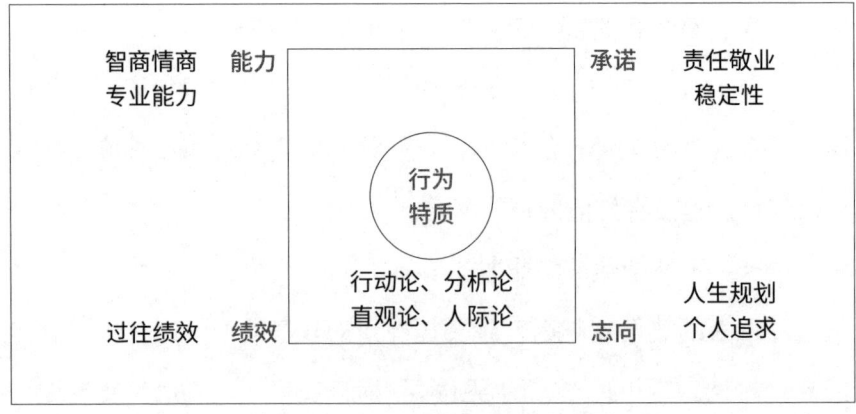

图 2-4 善任五维与用人之道

1. 能力。

此处的能力要比员工成熟度"识人三角"中所谈到的能力包含的内容更加广泛，包括一个人的专业能力和管理能力两大维度。专业能力是指做事即完成任务所具备的技能；而管理能力包括的内容就比较多了，包括情商、智商、理解力、沟通力、表达力、执行力等综合能力，是指一个人成为一名合格管理者所具有的综合素质。当一个人具备了多种能力之后，才能考虑他的合适岗位和调动他发挥价值。

2. 承诺。

是员工在一家企业服务期限内的服务意愿，也是指员工的责任、敬业和稳定性。比如说某员工在 A 公司只想工作 3 年，3 年后他就要换一家同行业的公司继续工作，这个 3 年就是指这名员工的承诺，也就是他在这家企业中的稳定性。当然，作为管理者当然希望自己的员工有稳定性和较长的服务期限，这样可以更好地为企业生产出稳定品质的产品，从而产生出稳定的业绩和利润。

3. 志向。

是员工个人的职业发展规划和理想，也就是员工的人生规划和追求。如：未来某个时间点自己的经济目标、社会或者企业地位，以及可以为社会或企业作出的贡献等等，志向是一项长期的目标和期望。比如，某位员工在 A 公司工作 3 年，再到 B 公司工作 3 年，有了 6 年的经验后，这位员工打算自己创业，创立一家同行企业。因此，我们可以看出他在每一家企业的承诺并不高，只有 3 年的服务意愿，但是他的志向却很高，他是要自己创业当老板的。总的来说，志向，就是指职业上远大的目标和理想。

4. 绩效。

绩效前面应该要加上"以往"两个字，才算是全面和准确地表达意思了。因为我们所说的员工绩效是指员工从入职那一天到目前为止，为企业所带来的业绩，因此所有的绩效都是员工的"以往绩效"。员工的绩效很重要，它不仅决定了员工收入和在企业中的去留，而且决定了企业是否将他作为有价值的后备人才进行培养。

5. 行为特质。

是指员工的个性特质，通常包括分析论、直观论、行动论、人际论四个维度。

（1）**分析论**。分析论的定义与行为展现：分析论的人很希望自己的行为是正确的，并喜欢以有架构、有系统的方式来学习和收集事实，而不只是想想罢了。分析论的人的行为具有逻辑性、组织性和系统性，而且他们喜欢收集和处理资料，并在意细节与准确度。

他人认为有效率的特质：使用数据沟通的、细心的、审慎的、权衡轻重的、稳定的、冷静的、理性的、会分析的。

他人认为无效率的特质：唠叨的、犹豫不决的、太慢的、小心过度的、分析过度的、呆板无趣的、不活泼的、内敛且爱控制的、严肃僵硬的。

（2）**直观论**。直观论的定义与行为展现：直观论的人独自坐在那里，看起来像是在做白日梦。而事实上，他的整体观念正在形成，他以不同的方式整合自己的经验，并找寻每一种经验的意义，然后不断地探索每一事件的真正原因。若只告诉他这就是事实，并不能满足他的求知欲，因为直观论的人必须从亲身的体验来发觉真理。

他人认为有效率的特质：敏锐的、直觉性强的、有创造力的、思绪宽广的、有魅力的、理想主义的、机智的、意识形态的。

他人认为无效率的特质：跳跃式的思考、天马行空的、很难被预测的、他人认为异类的、较不精确的、与现实脱节的、不切实际的。

（3）行动论。行动论的定义与行为展现：行动论的人通常就事论事、行动导向，并从实践中学习。他必须握住石块或青蛙才会相信它是真实的。这种人是借行动来驱散紧张不安，而非靠着想象、分析或感觉。他老是动个不停，无法安静下来，当您看到他的手脚在拍踏时，他的思绪很可能早已往前奔驰很远了。

他人认为有效率的特质：务实的、果断的、起带头作用的、结果导向的、客观的、具竞争性的、就事论事的。

他人认为无效率的特质：给人压迫感的、较不体恤的、没有耐性的、不思而行的、专制自大的、跋扈的、没人情味的。

（4）人际论。人际论的定义与行为展现：人际论的人喜欢了解自己以及他人的心情、感受和情绪。对他而言，形式上的学习和用心灵去感受是一样重要的。人际论的人大多有同情心又多愁善感，并且对他人的心情感同身受。人际论者比较关心他人的反应而不在意客观的事实。

他人认为有效率的特质：人际导向的、同理心的、遵守期许与规范的、探寻真理的、内省的、能让人倾诉心事的、支持别人的。

他人认为无效率的特质：不善拒绝的、过分重视人的因素、多愁善感的、自责的、矛盾的、烂好人、不喜欢冲突的。

行为特质与人的性格紧密相关，而人的性格又决定了其在组织中的融入程度，一个不能融入组织文化，不被上级和同事们接受的人，是很难在组织中发挥出价值的。很多时候，我们发现在组织中被淘汰的那个人并不是绩效最差的那个人，却一定是不能被组织文化融合和接受的人。所以，我们允许一个人的能力差一点，承诺低一点，志向不高一点，甚至可以接受他的业绩低一点，但是绝对不允许这个人的性格与组织文化不匹配。

总结一下，我们培养人才主要的关注点是在帮助一个人提升能力、提高承诺和在本企业中实现志向这三个维度。而实现这三个维度的提升和转变，最终是培养员工未来在组织中的胜任能力，即员工从目前这一刻到未来可以为组织作出的贡献，这也就是我们通常所说的潜力。而绩效是指员工的"以往绩效"，即员工从入职那一刻到现在已经为组织作出的贡献。由此我们可以看到，如果员工的"以往绩效"和"未来潜力"都能为所处的组织作出贡献，那这个人为组织所带来的价值和成就是完全的，是彻底的。最后，一个人的行为特质与人的性格紧密相关，是用人的一个重要指标，也是员工与岗位匹配度的参考因素，管理者不可忽视。

五、成功的管理者刘邦

在阐述知人善任这个内容时，我不能不提汉朝的创始人刘邦，不可否认他是成功管理者的典范。刘邦非常清楚地知道，一个成功的管理者最重要的才能是如何调动部下的积极性，他用韩信带兵，张良出谋，萧何保后，一切工作都安排得有条不紊，由此他就成为这个团队的管理核心。我们一起来看看刘邦的故事吧：

秦二世时，百姓由于不堪秦朝的暴政，纷纷起兵反秦，出身农民无产者的汉朝开国皇帝刘邦与出身世家贵族的项羽各是一支起义军领袖，共同拥戴楚国王室后裔楚怀王联合抗秦，灭秦后形成群雄逐鹿局面，经过四年苦战，实力大弱于项羽的刘邦却从群雄中脱颖而出，击败项羽，平定海内，一统天下，建立了中国历史上最强盛也最长久的王朝——汉朝。

按说刘邦实力远逊于项羽，从自身说，刘邦文不能提笔，武不能上阵，而项羽勇冠三军，力能拔山举鼎；从兵力上说，楚汉相争开始时刘邦仅有十万人马，而项羽拥四十万雄兵；从所处地理位置说，刘邦被项羽有意识地封到地势偏僻、群山环抱、交通不便的四川，周围又用秦朝三员降将章邯、董翳、司马欣重兵包围，而项羽雄踞关中地区，坐拥中原广袤的土地。在综合实力如此悬殊的情况下，刘邦的胜算极小。而刘邦却能够于短短的四年之内灭亡楚国，围杀项羽，他究竟靠的是什么？

公元前206年，天下经历了多年混战割据后重归一统，刘邦在众人的推举下正式称帝，建立汉朝。在庆功会上，刘邦和众人总结楚汉战争胜败的经验教训。有人说，刘邦之所以能战胜项羽，是因为刘邦能与大家同甘苦，共患难，而项羽却自私自利。

刘邦总结自己取胜的原因说，论运筹帷幄之中，决胜于千里之外，我不如张良；论抚慰百姓供应粮草，我又不如萧何；论领兵百万，决战沙场，百战百胜，我不如韩信。可是，我能做到知人善任，发挥他们的才干，这才是我们取胜的真正原因。至于项羽，他只有范增一个人可用，但又对其猜疑，这是他最后失败的原因。

虽时隔几千年，斗转星移，沧海桑田，但汉高祖刘邦的这一段话，对当今的管理者仍然具有重要的指导意义。

刘邦打天下，是如何把一帮牛人管理得服服帖帖呢？管理学上有一个"奥格尔维定律"，说的是一种人才现象，大致意思是说，"每个企业家都雇用比自己更强的人，企业就能发展成为巨人公司；如果你所用的人都比你还差，那么他们就只能作出比你更差的事情"。楚汉相争，刘邦能够得天下，成就汉室大业，除历史的原因外，少不了张良、萧何、韩信等良臣勇将的鼎力相助！我们一起来研究刘邦的用人秘诀。

汉高祖刘邦平民出身，文不能书，武不能战，"智不比张良、勇不如韩信、才不敌萧何"，但他善用人才，能够把天下人才都集结在自己的周围，利用秦末暴乱之机，兴汉灭秦，成为中国历史上第一个平民皇帝。纵观刘邦的人才管理，大致有六方面的特点：

1. 知人善任。

知人善任，首在于知人，其次是善任。知人之先在于知己，其次在知彼。刘邦非常清楚地知道，一个领导人最重要的才能是什么，如何调动部下的积极性，他用韩信带兵，张良出谋，萧何保后，一切工作都安排得有条不紊，由此他就成为这个集团的核心。

2. 不拘一格。

刘邦有一个很大的优点，就是他不拘一格地使用人才。他把贵族张良、游士陈平、县吏萧何、狗屠樊哙、商贩灌婴、车夫娄敬、强盗彭越等各色各样的人组合起来，使其各就其位，使所有的人才都能够最大限度地发挥作用。历史证明，他的用人策略是十分英明的。

3. 不计前嫌。

刘邦的队伍里面，有很多人原来曾经是在项羽手下当差的，因为在项羽的部队里面待不下去跑过来投奔刘邦，刘邦敞开大门，不计前嫌，一视同仁表示欢迎。如韩信、陈平，韩信原来是项羽手下的人，因为在项羽手下不能发挥作用，来投奔刘邦。其实，一个领导者如果老是小肚鸡肠、计较甚多，能招募来好的人才吗？恐怕连帐下之人也会离他而去。

4. 坦诚相待。

坦诚相待，不仅仅能反映一个人的素质问题，更是为人处世的一条原则。对于人才，他们不仅需要应得的酬劳，且更需要尊重和信任。刘邦之所以能够得到张良、韩信等人的帮助，就是因为刘邦信任对方，尊重对方，才得到了对方同样的回报，同样的信任和尊重，以至于对方能尽心尽力地帮他出谋划策。这也是我们非常值得借鉴的经验。

5. 用人不疑。

做一个领导最忌讳的，就是一天到晚看见所有的人都很可疑，今天猜忌这个，明天猜忌那个。刘邦就有这个魄力，他一旦决定用某人，绝不怀疑，放手使用。

6. 论功行赏。

使用人才，首先是要信任他，尊重他，同时也应该奖励，因为奖励是对一个人才的贡献实实在在的肯定。刘邦夺取天下以后，根据各个人的不同功绩，对功臣论功行赏，不但封赏了萧何、张良、韩信、彭越等一批人，还封赏了他最不喜欢的人——雍齿。

刘邦之所以能够成就汉室大业，与他对人才的知人善任有很大的关系。企业经营的核心是管理，管理的关键在人才，管理首要的任务是把人搞明白，了解人才能恰当地驾驭人，才能正确地使用人，只有把合适的人放在合适的岗位上促使他发挥最大绩效，才能为组织贡献出价值和力量。

第三章

科学授权

日本松下电器的创始人松下幸之助说："一位称职的管理者应该只做自己该做的事，不做部属该做的事。"

第一节

今天你"授"了吗

> 在战场上，冲锋陷阵是士兵的事，而将军的任务就是统兵布阵、指挥作战，不到万不得已的时候，将军是不适合亲自冲锋陷阵的。

组织中的管理者就如同一个坐在指挥部里运筹谋划的将军，下属则好比是上阵冲杀的士兵。管理者事必躬亲的话就好比统帅跑出指挥部、跨上战马、披起盔甲，代替自己的士兵去上阵冲杀。因此，管理者要像将军一样运筹帷幄，统筹全局，而不是抢着干士兵的活。松下幸之助就曾说过："一位称职的管理者应该只做自己该做的事，不做部属该做的事。"有效、科学的授权，就是该做的几件大事之一。

《吕氏春秋·察贤》有这样一个记录：霜雪雨露合乎时节，万物就会生长，人们就会舒适，疾病和怪异灾祸就不会发生。所以人们说到尧的仪表形容，就说他穿着宽大下垂的衣服，这是说他很少有政务啊！宓子贱治理单父，每天在堂上静坐弹琴，单父就被治理得很好。巫马期披星戴月，早朝晚退，昼夜不闲，亲自处理各种政务，也治理得很好。

巫马期向宓子贱询问其中的缘故。宓子贱说："我的做法叫作使用人才，你的做法叫作使用力气。使用力气的人当然劳苦，使用人才的人当然安逸。"宓子贱算得上君子了。使四肢安逸，耳目保全，心气平和，而官府的各种事务处理得很好，这是应该的了，他只不过使用正确的方法罢了。

宓子贱"鸣琴而治"单父县（在今山东单县南），后用"鸣琴而治"指以礼乐教化人民，达到"政简刑清"的统治效果，或指官吏善于管理。

古人的这套管理办法对于今天的管理者仍有借鉴意义，凡有上级与下级、用人者与被用者关系存在的地方，就有管理与被管理的关系。管理者的工作就是抓纲举目，抓紧大事；制定军事战略方针、作战计划是军事统帅的大事；决定企业的发展规模、产品的品质种类和发展远景是企业家的大事。第二次世界大战时，英军统帅蒙哥马利提出：身为高级指挥官的人，切不可参加细节问题的讨论工作。他自己的作风是在静悄悄的气氛中"踱方步"，花费很长时间在重大问题的深思熟虑方面。他感到，在激战中的指挥官，一定要随时冷静思考怎样才能击败敌人。如果对真正有关战局的要务视而不见，对战局影响不大的末节琐事反倒事必躬亲、本末倒置，必将一事无成。我们一起来看看伟铭电脑公司总经理张思华的故事吧：

张思华是伟铭电脑公司的总经理，他的工作就是每天处理上百份的文件，这还不包括临时得到的诸如海外传真送来的最新商业信息。他经常抱怨说自己要再多一双手，再多一个脑袋就好了。

虽然张思华已经明显感到疲于应付，也曾考虑增添助手来帮助自己，但他最终及时刹住了自己的一时妄想，因为他认为这样做的结果只是让自己的办公桌上多了一份报告而已。公司人人都知道权力掌握在张思华手里，他们每一个人都在等着张总下达正式指令。因此，张思华依然坚持"亲力亲为"。

实际上，张思华已经成为真正意义上的"管家婆"，而非管理者。每天从走进办公大楼开始，他就会被等在电梯口的职员团团围住，一个接一个的问题等待着他来解决，等他走进自己的办公室，已是满头大汗。

这样的工作让张思华疲惫不堪，终于有一天他醒悟过来了，张思华把所有的人关在电梯外面和自己的办公室外面，把所有无意义的文件抛出窗外。他让下属自己拿主意，不要再来烦自己。

张思华还给自己的秘书做了硬性规定，所有递交上来的报告必须筛选后再送交，不能超过10份。刚开始，秘书和所有的下属都不习惯，他们已养成了奉命行事的习惯，而今却要自己对许多事拿主意，真的有点不知所措。但这种情况没有持续多久，公司便开始有条不紊地运转起来，下属的决定是那样的及时和准确无误，而且工作的效率也大幅度地提高了，员工们以往经常性的加班现在消失了。

从此，张思华有了读小说的时间、看报的时间、喝咖啡的时间、进健身房的时间，他感到惬意极了。他现在才真正体会到自己是公司的管理者，而不是凡事包揽的"老妈子"。

　　首先，在现实中，很多管理者做事都喜欢权力一把抓，大小事情统统自己动手，员工只能当他的助手，导致自己整天忙得像无头苍蝇，却毫无成效。一个管理者即使能力再强，也只有一双手、一个脑子，一天即使不睡觉也只有二十四个小时可供使用。何况组织的发展壮大不能只靠一个或几个管理者，必须依靠广大员工的积极努力，借助他们的才能和智慧，群策群力才能逐步把组织发展推向前进。再能干的管理高手也要借助他人的才能和智慧，这是一个组织发展的最佳道路。

　　其次，现在的新生代员工与十年前的员工相比，有太多的不同。现在的员工更有个性，更有表现的欲望，不愿意循规蹈矩，不愿意认同那些老套的传统价值观。所以，现在的员工工作时不像父辈、祖辈们那样任劳任怨，做老黄牛、说老实话、做老实事。现在这一代人有的信奉拜金主义，认为有钱能使鬼推磨，要让干活就得拿钞票来；有的则视金钱如粪土，其价值观与前辈明显不同。超女、梦想中国、海选明星等活动，为什么会在中国盛行？因为老百姓也有表现欲，要张扬自我、表现自我。所以不要以为员工都是为钱而工作，他们也有很强的表现欲，希望得到更多的尊重、沟通、授权，他们不喜欢过去那种一切行动听指挥的方式，而是喜欢上级用商量的口吻，尊重他们的意见。因此现在的领导风格、管理方式等也要因时而变，管理者要学会科学授权。

　　面对无数辛辛苦苦工作的管理者，我只想问一句："今天你'授'了吗？"

一、"授权"是个啥

有些管理者喜欢把困难工作留给自己去做，他们总是认为别人胜任不了这项工作，他们觉得亲自去做更有把握。但是，一个管理者如果任何事都亲自过问，下属也将乐意把问题上交，统统由你去处理。这样就会形成一个恶性循环，管理者十分辛苦，下属则总是推脱责任。在这样的情况下，一个组织又如何能够管理得好呢？如果一个管理者总是这样大包大揽，下属就没有任何学习成长的机会，管理者就永远不会有轻松的时候。

心理学家说："对于创造者来说，最好的刺激是自由——有权决定做什么和怎么做。"美国的许多高科技公司都采用了注重行为结果的管理方式，即公司不规定员工什么时候做什么事，而是给出特定任务和完成期限，具体的工作过程都由员工自主决定。每个员工都有自己的工作范围，可以独立处理自己权限范围内的事，不用向上级汇报或请示，公司以最终结果来衡量员工的工作成绩。这样的管理方式，给了员工最大的自由空间，员工回报给公司的则是极大的努力，从而形成良性循环。当然，我们不可以否认，这一做法的前提是管理者前期对员工进行了培训和指导，员工已经熟练掌握了岗位技能，具有较高的成熟度，才可以胜任自主的工作安排。

管理的目的不是让管理者越来越繁忙，而是越来越轻松。管理者不是"管家婆"，不能包揽一个公司大大小小的事。聪明的管理者应该把自己手中的大部分权力下放给主管以及每一个员工，这不仅能让他们有机会发挥自己的优势，而且能为自己省下宝贵的时间去做更重要的事情。

　　创业初期，松下幸之助总是亲力亲为、事必躬亲，等到有了数百名员工的时候，有人建议松下先生居中策划，把大量的工作交给中层经理们去做。起初，松下先生对此很不以为意，但随着经验的积累，他慢慢地体会到了必须这样做的意义。他说："最高领导者是应该身先士卒、冲锋陷阵，还是应该居中策划、指挥众人？我想，这是个值得讨论的问题。在某些情况下，主帅身临阵前，确实有其必要。然而，一般而言，派遣部将在外指挥军事行动，似乎比较合理。如此可使主将不必亲受生死的压力，而能冷静地判断、做决策，以指挥众人，使事情更顺利地进行。"

　　从松下幸之助的这番话中，我们可以体会到，合理、科学的授权有助于人员的培养和发展，有助于组织的前行。因此，结论是不善于授权的管理者势必会影响组织的发展，会被淘汰。

　　好吧，现在让我们一起来看看，授权，究竟是个啥？

　　所谓授权，是组织运作的关键，它是以人为对象，将完成某项工作所必需的权力授给下属人员。即主管将处理用人、用钱、做事、交涉、协调等相应的决策权移转给下属。我们强烈建议上级在授权的同时要托付给下属完成该项工作的必要责任，因为只有让下属承担了相应的责任，他们才会尽心尽力努力完成工作，这是授权的原则性。组织中的不同层级有不同的职权，权限则会在不同的层级间流动，因而产生授权的问题。授权是管理人的重要任务之一。科学、有效的授权是一项重要的管理技巧。

授权具有四个特征：

1.授权的本质就是上级将决策权力下放的过程，也是职责的再分配过程。

2.授权的发生要确保授权者与被授权者之间信息和知识共享的畅通，确保职权的对等，确保受权者得到必要的技术培训。

3.授权不是固态而是动态变化的。

4.授权也是一种组织文化。

授权，是上级向下属委派工作任务责任及所必需的权力，下属在一定监督下完成任务的过程中，拥有的一定权力。对于管理者来说，究竟什么权应该授给下属，哪些权又应该牢牢掌握在自己的手中呢？

身为管理者，要授的三项权，包括判断权、决策权、实施权。很多管理者一看到这里就有点担心了，"要把这三项这么重要的权力授给了下属，那还要我干吗呢"？请管理者们换位思考想一想，如果这三项权力不交给下属，那下属又如何能够拥有做事的自主权和决定权？又如何能把工作顺利推进开展呢？

我们再来看看，作为上级有三项权是不能授的，要牢牢地抓在自己的手中，即指挥权、监督权、辅导权。所谓指挥权，是告诉管理者要有绝对指挥下属的权力，下属也必须要绝对服从上级的指挥，这样掌控风筝的线就在管理者手中拽住了。对于监督权来说，是告诉管理者在授权之后不要当甩手掌柜，不闻不问，只管要结果，这样是不对的。因为管理者在授权后，还要辅以相应的事前监督、事中监督和事后监督，一则下属需要帮助时能及时寻求到上级帮助，二则下属在产生惰性时上级可以及时给予激励，以此来确保工作的顺利推进。辅导权，是上级对下属实施培训、指导和帮助的必要权力，否则下属如何创造更高的绩效？

传统的管理认为：授权不授责。但是，**根据现代企业的管理实践得出结论：授权的同时要授以相应责任。只有同步授责，才能确保权力的准确实施和收获有效结果。**因此，授权是要将权力和相应的责任一起交给下属的。世界上任何事情都不是绝对的，而是相对的。同样，在企业管理中权力与责任也是相对的。然而，很多企业管理者在授权时普遍存在一个误区，就是在授权时只给下属相应的权力而没有让下属承担相应的责任，这种授权不授责的做法是错误的。只有权力而没有承担相应的责任，则不利于激发下属的工作责任心和热情；同时，可能会使下属不恰当地滥用权力，这最终会增加企业管理者的过程控制难度。

究竟应该让下属承担什么责任呢？

1. 承担向上级报告工作过程情况的责任。

管理者要让下属定期向自己汇报工作的进展情况，以便管理者可以掌握工作的进度，如周报、月报、季报、半年报、年报等，管理者做好过程监控工作，在下属的定期汇报中，管理者能发现优势和问题，以及时激励或者纠偏。如果发现下属承担不了定期向上级汇报工作过程的责任，应及时预警或更换工作责任人。

2. 承担完成工作任务的责任。

管理者在选择下属分配任务时，需要综合考量用人的各项因素，还需要同时考虑下属能否承担不怕困难、不怕挫折、坚持完成任务的责任。如果下属一遇到困难就放弃、逃避的话，这样的下属是不值得信赖的，也是不会有价值产出的。

二、为什么要授权

国外经常有一些企业要做"离岗测试"。也就是集团总部把管理者抽调到集团的培训中心，脱产培训 3 个月，然后由总部观察他所带领的团队的绩效和表现状况。如果管理者走了以后，他所在部门的绩效没有变化，各项工作仍然有条不紊地进行，换句话说，有他没他都一样，照样正常运行，这时总部会认定这个部门已经不需要这个管理者了，会把他晋升到更高的岗位上。如果这个管理者走了以后，他的部门的绩效忽高忽低，但是还能勉强维持运作，总部会认定他只能胜任这个职级的工作，回来以后会同级调动。如果这个管理者离开以后，他的团队业绩明显下滑，不能维持正常的运作，总部就会认定他不是一个合格的主管，回来以后降级使用。

"离岗测试"被认为是对管理者最为有效的测试方式之一。现在让我们来一起检讨一下管理者的工作现状吧：

管理者的工作忙吗？大部分在实际工作中是忙忙碌碌的。

管理者都在忙些什么事情？是不是在忙自己职责范围内的事？是不是忙自己最应该做的那些事情？

为什么管理者的工作总是做不完，而且会越来越多，最后焦头烂额？因为他们在团队里经常扮演救火队员的角色。

管理者在团队中是不可或缺的吗？离开了他们，团队还能继续运转吗？

……

在实际的工作中，我们看到了很多忙碌的管理者，其实他们进入了一个误区：职位越高越忙碌。

职位越高越忙碌是企业普遍存在的现象，很多高层管理者每日奔波不停，到了下班的时候回头想想却发现忙的全是些琐碎小事，整体工作却没有很大进展。这就走进了一个凡事都要亲力亲为、包揽一切的误区。作为管理者的你如果感到很忙的话，就需要引起注意了，你在忙什么事情？你花大力气处理的事情重要吗？是有价值的工作吗？为什么总是忙不完，而且越来越忙？

大多数员工都有依赖性，如果上级不懂得授权，下属就会事无巨细地向上级反映，找上级解决，上级自己的工作就会不断被打断，工作越积越多，变得越来越忙。造成这种结果的原因不是下属素质太差，而是上级能力不强，不懂得授权。

综上所述，授权是管理者解放自己、培养下属、提升组织绩效而必须采取的一种管理措施。从授权的目的上来看，以下几点是值得关注的：

1. 聚焦重点。

科学、合理的授权可以使管理者减少琐碎及重复性工作，把时间和精力集中在自己的专业工作和岗位内容上，专注处理本岗位中的重要事务。

2. 减少瓶颈。

避免各项工作在各级管理者手中堆积，可以使部门内的流程更加畅顺，员工工作起来得心应手，促进团队绩效提升。

3. 激励员工。

下属接受到上级给予的授权，首先得到的是上级对下属的一份认可，更是下属价值感的体现，令下属有独立自主的空间，使他们有成就感，更加投入工作当中。

4. 发展员工。

把工作授权给下属来做，说明下属的能力得到了成长和肯定，是对下属最大的认可和鼓励，从而让下属得到发展机会，也可以帮助本部门发掘人才，增强下属的自信心。

从以上四点来看，对员工进行科学、合理的授权是非常有必要、有价值的。对于不会授权的管理者又会是一种什么样的情况呢？让我们一起来看一个案例：

《三国志》中有这样一句话："蜀国正事无巨细，亮皆独志之。"意思是诸葛亮对于蜀国国事，无论大小，都亲自过问。诸葛亮被人尊为智慧的化身，但却没有合理授权，大事小事全都管，真可谓鞠躬尽瘁。

事实上诸葛亮大可不必事必躬亲，因为蜀国称得上是人才济济，只是诸葛亮不会去合理授权，大事小事一把抓，各种问题都往身上扛，使自己操劳过度、积劳成疾，最后落得一个"出师未捷身先死，长使英雄泪满襟"的结局。

诸葛亮式的管理者并不在少数，他们更相信自己，喜欢亲力亲为，不愿或不敢授权，为什么他们宁可把自己累成狗也不授权呢？大体有以下四种原因：

1. 不放心，万一下属搞砸了怎么办；

2. 授了权，下属却做不好，最后还得自己重新来；

3. 害怕失去权力，影响自己的地位；

4. 嫉贤妒能，刚愎自用。

事实上，这样的管理者并不是合格的管理者。衡量一个管理者是否优秀的标准，并不在于他能做多少具体事务，而在于他是否能够充分授权，并借助下属的力量达成团队的任务目标。

授权，对于管理者最大的好处在于能够使其将精力专注于关键职能上，尽量不插手微观工作，专心做好管理者该做的事。而且，通过有效授权和管理者的"传、帮、带"，能成功复制出一批像自己一样优秀的下属，独当一面，成为自己的得力助手，为自己成长为高层管理者增加了筹码。

现代管理学家、企业家谈得比较多的是执行力，其实就是对下属不放心，想要"一竿子插到底"。管理者要有所为有所不为，也就是说，上级做自己的工作并对下属开展必要的工作指导，这才能得到两全其美的结果：下属不仅得到权力将工作做好了，而且得到了锻炼，有了成就感，团队氛围也好了；上级的事务性工作减少了，就可以有更多的时间去思考。所以授权的意义主要体现在以下几个方面：

1. 明确组织成员之间的关系，提高下属的主观能动性。

2. 使管理者能够腾出时间处理工作中重要的问题。

3. 为下属提供培养和锻炼工作能力的机会，是对下属的激励和信任，可以提高下属的责任心，达到一种很好的优势互补效应，从而使团队的气氛更加和谐。

4. 能够提高决策的效率。

5. 能够提高企业组织成员的士气。

第二节

科学授权五步法

授予权力不是简单地放手让下属工作，允许下属任意行事，甚至制定制度性政策；更不能只是简单地将职权一放了事，撒手不管，授权人必须继续行使必要权力和履行义务。因此，在授予职权的过程中，应注意抓好两个环节：一是帮助下属制定大政方针、提出工作战略性规划；二是要把握下属的工作进展情况，在给予人力、物力、财力条件支持的同时，及时纠偏改错。

授权不是简单地把权力下放，或者直接当甩手掌柜，交代给下属就完成任务了，这样授权，安排给下属的工作也不会很好完成的。怎么授权才科学呢？

首要的一条就是将权力授给能够胜任工作的人。建议你对下属进行完整的评价，如果你发现有的职员对自己的工作了解很深，并且远远超出你的预料，这些人就有可能具备担负重要工作任务的才能和智慧。如果你对职员的分析正确无误，那么选择能够胜任工作的人这一步就比较容易做好。但有一点也要记住，那就是你要尽量避免把所有的工作都交给一个人去做。

其次是对接受授权的员工进行监督和控制，没有制约的权力是不可想象的。仅有授权而不实施反馈控制会招致许多麻烦，最可能出现的问题是下属会滥用他获得的权力。因此，在进行任务分派时就应当明确控制机制。要对任务完成的具体情况达成一致，而后确定进度日期，在这些时间里下属要汇报工作的进展情况和遇到的困难。控制机制还可以通过定期抽查得以补充，以确保下属没有滥用权力。但是要注意物极必反，如果控制过度，则等于剥夺了下属的权力，授权所带来的许多激励就会丧失。

在本书中，针对科学授权整理出五大步骤：分析、指定、委派、控制和评估（如图 3-1），我们会将科学授权五步法为大家一一讲解。

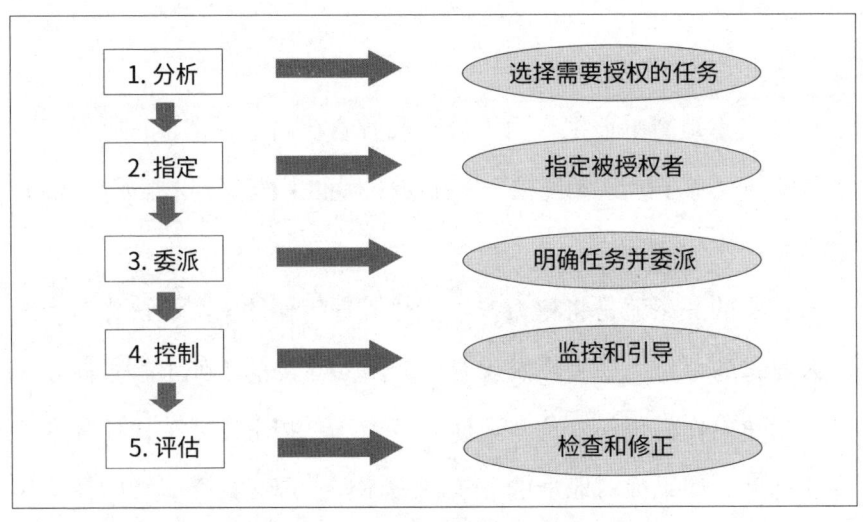

图 3-1 科学授权的五大步骤

首先，我们来看一个案例：

作为一名管理者，接到上级安排的一项重要工作，你会选择哪一种做法？

第一种做法：认真研究上级交给你的工作，制定工作方案，分析完成任务的可行性条件及资源，并把每一项具体的工作落实到你下面的每一个成员，你安排每个员工的工作，并由你去解决工作中出现的每一个问题，你一直关注工作的进展，直到工作被完成。

第二种做法：当上级分派任务后，你把安排具体工作的权力分解到下级，由他们作出决定，而不是由你告诉他们每一个人应当做什么，一旦工作中出现问题，员工不必每次都征求你的同意，他们自己有权作出决定。你的工作是汇总信息以保证整体方案顺利进行。

当面对这两种情境时，作为管理高手的你首先需要对自己下属的能力状况有清楚的了解，也就是我们上一章节讲的员工的成熟度。当团队中成员的成熟度不高时，就需要管理者花更多的时间指导下属开展工作，以便可以顺利完成工作，同时对下属的监督时间要延长，以便及时帮助下属纠正在工作中出现的偏差，这个时候管理者采用第一种做法更为合适；如果团队中的成员成熟度高，能力、意愿和信心都比较好，建议就要采用第二种做法了，这时候可以让员工多一些独立自主的空间，放手让大家去干。

以上两种不同的工作做法使我们明白，开展管理工作要学会分解工作任务和合理的授权。那么什么是授权，什么又是科学的授权？这是每一位转型后的管理者需要掌握的一种技能。

一、分析

分析：就是要正确选择需要授权的任务。管理者每天面对一大堆工作任务，而哪些工作是可以交给下属去做的，又有哪些是必须留在自己的手中亲自处理的呢？这就需要管理者结合工作任务的具体情况来进行认真分析。

究竟如何来开展分析呢，这里有几个原则：

1.非常规工作，同时风险较高，这类工作建议由自己主持完成，不宜授权给下属；

2.非常规工作，但是风险较低，可以承受，这类工作可以授权给下属，如果能够促进下属成长，则建议尽可能授权；

3.常规重复工作，就算高风险，也应本着给下属锻炼机会的原则，授权给下属，如果实在不放心，注意监控和支持就好；

4.常规重复工作，且风险较低，则必须授权给下属去干，否则就有抢下属工作之嫌了。

为了让大家更清楚地了解合理授权的原则，根据工作常规与否和风险程度把工作分成四大类，请看图3-2：

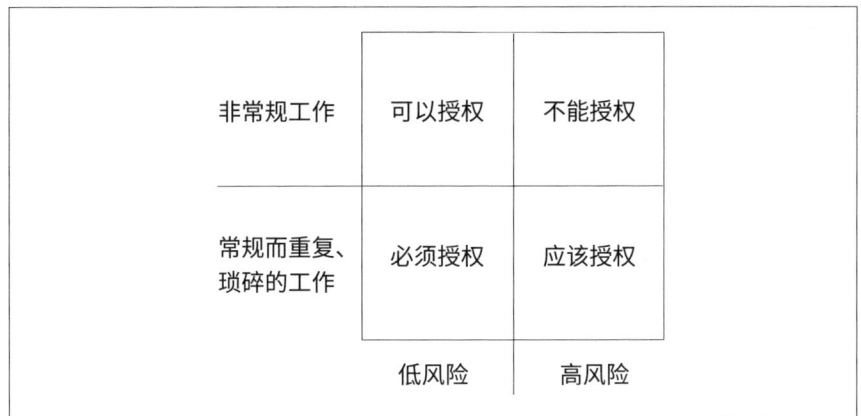

图 3-2 授权与工作性质的关系示意图

授权与工作性质的关系示意图的讲解如下：

1. 低风险，常规而重复、琐碎的工作：必须授权。

2. 高风险，常规而重复、琐碎的工作：这种工作应该授权，但在授权之前要制订详细计划、进行技能辅导和训练，还要加强监督和过程控制。

3. 低风险、非常规工作：这种工作风险低，即使出现差错，也没有太大的危害，可以授权。但因为下属碰到非常规性质工作的机会比较少，不一定具备处理该问题的技能，所以需要进行培训和辅导，为他们提供一些必要的帮助。也可以根据这类工作发生的频率，以及培训员工的时间成本等因素来确定是否有必要对员工进行培训。例如一年只发生一次的事件，如果要花 1 个小时进行培训，而管理者自己做只需要 5 分钟，那就不必授权。

4. 高风险、非常规工作：这种工作是否授权要具体情况具体分析。如果下属处理过此类事件，经验丰富，就可以授权，否则不能授权。还有一些工作是绝对不能授权的，例如一些非常规的、领导性的、高风险的、关键性的工作。总之，授权与工作分类有密切关系，应当引起重视。

二、指定

指定：就是找出了可以授权的工作任务后，指出可以授权给谁。如果下属的成熟度是足够支撑完成授权任务的，即可授权给相应的人员；如果下属的成熟度是不足够支撑完成授权任务的，这项工作任务只能回到管理者本人身上。

所以说，选择合适的授权对象，是科学授权的一个关键，这就要求管理者在日常工作中充分行使好教练的职能，对下属进行系统和针对性的培养，才能在指定授权对象时有的放矢。管理者要授权一项工作或者一个事项，首先必须选对一个合适的人，要考察这个人的能力、意愿和信心（包括素质、兴趣、特长等），确定这些素质能力与管理者授权的工作内容是否匹配。主要可以从以下三个方面进行比较分析：

1.该下属是否有能力胜任此任务？若能胜任，则可以授权。若一时还不能，则要考虑此人是否值得培养，要为下一步授权做好准备；如果值得培养，管理者是否有辅导和培训的时间和精力，要提前进行规划和安排。

2.该下属对此任务是否有工作意愿，是否自信？如果是意愿不够，管理者则要考虑能否激发其工作热情；如果是自信不够，管理者则要给予更多的信任和支持，以帮助下属建立完成工作任务的自信。

3. 该下属任务饱和吗？还有精力去完成这项工作吗？若有精力，则可授权给他。这也是科学授权中需要重点考虑的一个因素，下属的工作饱和度和是否有足够的精力去面对再授权的工作任务，决定了他是否能再继续承担新的工作任务。很多管理者在用人时，会习惯性地把工作任务分配给团队中那个能力强、执行力强而又服从性好的下属，长此以往会导致此人承担过多的工作内容和压力，从而无法再继续胜任工作。中国有句俗话"宝刀先钝，宝马先死"，讲的就是这个道理。

三、委派

委派：管理者明确任务和委派权责。既然选择了授权对象，就要充分信任他，不要因怀疑而不停地换人。

如何进行工作的委派呢：第一，管理者要陈述背景，也就是要说明任务的背景、重要性及选择下属的原因。第二，管理者要详细评述工作，向下属详细告知工作范围、预期进度、要求水平、拥有的权力范围、征询意见和取得承诺等，让下属清楚知道组织对他的期望。第三，管理者要对下属开展支持和指导，若工作未做或缺乏信心，则要及时帮助他。第四，管理者要商定进展，与下属一起商讨工作方法、制定工作进度、设置工作时限及确定汇报和检讨的形式。第五，管理者还要通知各方与工作相关的人士，通告下达的授权指令和具体权限范围和内容，使下属名正言顺运用其权限去推动工作。

做好以上五点委派工作，才能更好地为组织取得最佳绩效。接下来看一个案例分析：

陈逸明真的授权了吗？

陈逸明抱怨说："李明和王丽娜刚入职的时候，我一直耐心细致地告诉他们，在他们开始工作的头几个月里，凡是涉及付款和订货的事情都要先与我商量一下，并叮嘱他们，在未了解情况以前，不要对下属人员指手画脚。但是，到现在已经一年多了，他们还是一点创造性也没有，大小事情都来问我。"

李明说："上周，我找陈逸明签发一张支票，他说不用找他了，我自己就有权决定。但是，在一个月之前，我找不到他，只好自己签发了一张支票，结果我签发的支票被退了回来，原因是说我的签字没有被认可。为此，我上个月写了一个关于授权我签字的报告，但他一直没有批下来。我敢说，陈逸明办事毫无章法，对工作总是拖延。他的工作往往要拖后一个多月，我递给他的要求授权的报告恐怕还锁在他的抽屉里没有被看过呢！"

王丽娜接着说："你说他的工作毫无章法，我也很有同感。前两个星期，他叫我到办公室去，交给我一项任务，并要我立即做好。在进行这项工作时，我也想得到一些下级人员的帮助，找过一些人，但是却无法得到这些人的帮助。他们说，除非得到陈逸明的允许，否则他们就没有时间来帮助我。今天是完成这项工作的最后日期，然而，我却还没有完成，他又要抓我的辫子了，要把责任推给我了。我认为，陈逸明担心我把工作搞得过于出色，因此得到提升……"

思考：请阅读本案例，评估案例中的陈逸明是否真的授权给了下属？为什么？请分析。

分析点评：答案是否定，陈逸明本人并没有授权的意愿，他希望下属能够承担起责任，但并未给予下属履行责任时所需要的权力和资源。即便偶尔告知下属可以自行决定，也未将这一说法告知给相关配合人员，导致下属在行使自认为拥有的授权时到处碰壁。

四、控制

控制：是指授权后要实施监控和合适的引导。科学授权不是单纯地将责任和权力下放，而是为了更好地驱动下属自主工作的同时，将管理者的精力倾注在更为重要的管控点上，实现更有效的整体管理。因此，授权并不等同于放任权力，通常都会有相应的监控、反馈和控制机制与授权系统相配合运行。

授权的本质是为了更有效地管理，有效授权需要与控制系统结合应用。

杨强白手起家，历经数年，成功创立一家科技公司。通过不断进取，公司在行业内位居三甲，出于对事业的珍惜，杨强一直紧抓财务审批权，整个公司财务"一支笔"，希望能最大限度地控制成本。但随着公司业务及人员规模的不断扩大，他发现需要自己评审的财务单据太多，尤其是费用报销单，几乎堆积如山，根本无法一一仔细审阅。时间紧迫之下，只好闭着眼睛签字，不但起不到控制成本的作用，还耽误了他大量的时间。

杨强决定将费用报销的审批权彻底下放给部门负责人，但试行一个月之后，发现公司整体费用支出增长速度惊人，不得已将审批权回收。结果不但没达到预期目的，还引发中层管理人员的抱怨。

杨强心里清楚，从公司长远发展来看，各种权力不可能总握在自己手里，迟早是需要逐步下放的。但实践证明，单纯地放权达不到目的。

总结一下，管理者在授权之后既不能凡事都管，"一竿子插到底"，也不能当"甩手掌柜"，不闻不问，什么都不管。管理者一定要记住：不管你是"一竿子插到底"，还是当"甩手掌柜"，你身边所有的当事人都在等着你失败，因为只有你失败，才能突出他们的重要性，才能显出他们在你这儿是正确的！所以，管理者在授权之后科学的做法是：合理实施监控和合适的引导，即控制。

五、评估

评估：是指管理者对授权下属完成的工作进行检查和修正。工作任务在授权之后，管理者要经常性，或者定期、不定期地开展检查指导，信任并不是不管不顾当"甩手掌柜"，而是要建立相应的检查督导制度，用制度来约束权力，发现偏移目标要及时给予纠正。

管理者视下属成熟度及授权程度，与下属保持联络，检查进度，商讨应变措施。有效评估建立在坦诚的沟通上，积极、客观地处理并修正问题，而不是只追究责任。下放权力后不要轻易干预，需要时才从旁协助，绝不越俎代庖，打击士气。任务推进顺利或者圆满完成时，管理者要真诚地表扬下属的成绩。

科学授权，要特别重视在工作中进行反馈与控制。在授权的过程中，为保证下属能及时完成任务，管理者必须对被授权者的工作不断进行检查，掌握工作进展信息，或要求被授权者及时反馈工作进展情况，对偏离目标的行为要及时进行引导和纠正。同时管理者必须及时进行调控：当被授权者由于主观不努力，没有很好地完成工作任务时，必须给予纠正；对不能胜任工作的下属要及时更换；对滥用职权，严重违法乱纪者，要及时收回权力，并予以严厉惩处；对由于客观原因造成工作无法按时进展的，必须进行适当协助。授权不是不加监控的授权，在授权的同时应附以有效的控制措施，这样才能使授权发挥更好的作用。

第三节

巧妙应对"反授权"

　　有些时候，得到授权的下属不愿意承担相应的责任，会使用一些手段给管理者做反授权，将工作任务的责任主体再返还到上级的身上，我们必须小心此类情况。同时，我们也不能主动将已经授权的责权重新揽回自己的身上，所以，有些看起来是支持下属的工作并不适合在授权之后做。

　　科学授权是辅导员工成长最好的方式之一，而授权本身也是一种辅导，但在授权过程中有个绝对要注意的事项：反授权（也称为"被逆向授权"）。管理学者曾把员工遇到的"工作问题"形象地比喻成"猴子"，现实工作中这只"猴子"常借助"反授权"之手，在员工和管理者之间跳来跳去。

　　比如，当下属向你请示的时候，如果你回答说"我想一想，一会儿再告诉你"，那么半小时之后你会发现这个下属就站在你的门口，敲门问："领导，您考虑得怎么样了？"本来这是需要下属来解决的问题，你需要做的只是检查他的成果，可现在呢？变成了他来检查你了。于是，"猴子"就跳到了你的背上。有些管理者成天手忙脚乱，逐一为员工做决定，不断被员工牵着鼻子走，处理一些本应由员工处理的问题，在某种意义上，管理者沦落成了员工的下属。

　　既然是授权，那么权力就应该归上级所有，只是上级把这个权力给到下属，这种情况下最重要的原则是"上级绝不可以替下属做事"，否则授权就失去了意义。有时对员工真正意义上的授权和辅导，就是眼睁睁地看着下属把事情做错，而不插手。

一、"反授权"是个坑

　　什么是反授权呢？管理学上是这样解释的："下属被委派任务时，因不想负责任，于是利用各种不同的方法，希望把任务推回给上级，这种情形为反授权。"在此时，管理学上通常把任务或者问题，形象地比喻成"猴子"，在工作上，管理者要始终保持让"猴子"落在下属自己的肩膀上。但是，在实际的工作中，下属经常会让"猴子"随时爬上上级的肩膀。

　　其实，反授权就是下属在被授权之后，由于能力不高、意愿不强、信心不足等，将任务或责任的主体丢回上级身上，这也是下属逃避工作和责任的一种做法，成熟度不高或者经验不丰富的管理者很容易就掉进这个"坑"里。

　　为了预防反授权的发生，各位管理者切记以下三个关键点：

　　1. 不要替下属打草稿，要相信下属是完全可以自己构思的，否则你为什么选择他进行授权呢；

　　2. 不要轻易向下属提建议或代为搜集资料，这些操作就是让"猴子"爬上管理者肩膀的最好时机；

3.热情的管理者不要自以为是，自找麻烦去主动提供下属未曾请求的协助，这会让管理者陷入自己设置的陷阱中并无法自拔。

二、自己的"猴子"自己养

管理者要学习拒绝"反授权"，要明确要求下属：自己的"猴子"自己养。那究竟如何处理好这些问题？通过下面两个案例的分析，可以帮助管理者学会巧妙应对"反授权"。

小心"反授权"：谁是上级（1）

假设有一天，你的一位下属在公司办公室的走廊上与你不期而遇，下属停下脚步："哎呀，老板，好不容易碰上您了。有一个问题，我一直想向您请示。"此时，下属的身上有一只需要照顾的"猴子"，接下来，他如此这般将问题汇报一番。

尽管你有事在身，但还是不太好意思让这位急切想把事情办好的下属失望。你非常认真地听着……（慢慢地，"猴子"的一只脚已悄悄搭上了你的肩膀）

几分钟后，你看了看手表："噢，不好意思，我现在有急事要处理，这个问题，看来我一时半会儿答复不了你。这样吧！让我考虑一下，过两天再给你回复好不好？"（你赶忙离开，不知不觉中也背走了你下属的那只"猴子"）

两天后，下属如约打来电话："老板，前两天向您请示的问题，您看我该怎么办？"忙乱中，你想了一下，才记起这件事。"哦，实在不好意思，这两天我特别忙，还没有顾得上考虑这个问题，你过几天再来，好吗？""没有问题，没有问题。"下属非常能体谅你。

一周之后，你又接到了他的电话，不等他开口，你已经感到十分歉意，并再一次请求下属"宽限几日"……此刻，你似乎有点焦头烂额，因为在你的周围已经满是你自己的以及别人放在你这里寄养的"猴子"。（你已经成为问题的真正中心了）

分析点评：要特别小心下属通过"请教"的方式把解决问题、寻找思路、设计方案等责任重新返还到管理者身上。如果管理者认为下属有能力完成这些工作，就需要确保工作责任主体（那只"猴子"）明确地落在下属身上，有时候适当施加压力也是促进下属进步和完成任务的好方法。

应对"反授权"：谁是上级（2）

有一天，你的一位下属在公司办公室的走廊上与你不期而遇，下属停下脚步："哎呀，老板，好不容易碰上您了。有一个问题，我一直想向您请示。"此时，下属的身上有一只需要照顾的"猴子"，接下来，他如此这般将问题汇报一番。

尽管你有事在身，但还是不太好意思让这位急切想把事情办好的下属失望。你非常认真地听着……（慢慢地，"猴子"的一只脚悄悄搭上了你的肩膀）

你一直在认真倾听，并不时点头，几分钟后，你对他说这是一个非常不错的问题，很想先听听他的意见，并问："你觉得该怎么样办？"

"老板，我就是想不出办法，才不得不向您求援的呀。"

"不会吧，你一定能找到更好的方法。"你看了看手表，"这样吧，这件事我一时半会儿也拿不出更好的主意，我现在正好有急事，不如这样，明天下午4点后我正好有一点空，到时你先拿几个解决方案来，我们一起讨论讨论。"告别前，你还没有忘记补充一句："你不是刚刚受过'头脑风暴'训练吗？实在想不出来，找几个搭档来一次'头脑风暴'不就是啦！明天我等你们的精彩答案。"（"猴子"悄悄收回了搭在你身上的那只脚，继续留在此下属的肩膀上）

第二天，下属如约前来，从他脸上的表情看得出，他似乎胸有成竹："老板，按照您的指点，我们已经有了5个觉得还可以的方案，只是不知道哪一个更好，现在就是请您拍板了。"（"猴子"的一只脚再一次悄悄搭上了你的肩膀）

即使你一眼就看出哪一个方案更好，也不要急着帮他做决定，不然，他以后对你依然会有依赖的习惯，或者到头来万一事情没有办好，他一定还是会说："老板，这不能怪我，我都是按照您的意见去办的。"

你兴奋地说道："太棒了，这么多的好方案，你认为相比较而言哪一个方案更好呢？"

"我觉得A方案更好一些。"

"这的确是一个不错的方案，不过你有没有考虑过万一出现这种情况，该怎么办？"

"噢，有道理，看来用 E 方案更好。"

"这方案也很好，可是，你有没有想过……"

"我明白了，应该选择 B 方案。"

"非常好！我的想法和你一样，我看就按照你的意见办吧。"

（"猴子"再一次悄悄收回了搭上你肩膀的那只脚，继续留在下属的肩膀上）

分析点评：应对"反授权"的方式之一，就是应用教练式领导技巧，绝不轻易给下属结论和答案，而是不断地通过提问的方式拓宽下属看待问题的视角，提高下属解决问题的意识，促使其继续承担解决问题的责任。

科学授权对管理者、员工和企业三方都是有利的。充分掌握了以上几个授权要点，对于管理者，可以空出较多的时间做策略性思考；对于员工，可以让他们学习新的技巧和专长，让管理者和员工都有机会发展能力；对于公司，可以提高整体的运转效率，增强企业的灵活性。管理者永远不要想着一个人独撑大局，要仔细挑选人才，雇佣人才，然后授权给他们去负责，让他们独立作业，在帮助员工成功的同时，就等于是在帮助自己和公司成功。

第四章

辅导下属

　　管理者只有帮助下属成长及提升绩效，才能体现出自身的价值，要牢牢记住："下属有功我有功，下属无功我有过。"

第一节

下属有功我有功，下属无功我有过

> 《弟子规》说："己有能，勿自私。人所能，勿轻訾。"是说一个人如果有能力有本事，要时刻想着回报社会，服务大众，不要把本事藏起来不舍得传授给别人。看到别人有才华，也不能嫉妒，应该学习人家身上的优点，使自己也变得优秀。

管理者如果发现团队中的下属存在能力不足、业绩低下、互相推诿、逃避责任等问题的话，建议管理者先认真分析下属为什么会出现这些问题以及造成的影响，思考如何让下属解决问题和提升能力，同时更为重要的是管理者应自我检讨未能培育和辅导下属的原因，而不是着急去批评和指责下属。我们进行了一些总结和提炼，发现管理者的思想上存在着以下这些问题，从而导致辅导下属不力，产生了问题：

来日方长，现在没空以后有空了再说也不迟嘛；

下属都这么大的人了，应该好自为之，自己上进吧；

自己以前也没人带，所以下属也不用带就可以学会；

年轻人就要多吃点苦，绕点弯路才能学会；

下属应该适者生存，不适者就该淘汰；

辅导员工那是人力资源部门的事；

"船到桥头自然直"，让下属摸索一段时间自然就会了；

没时间主动去辅导，等下属来找我再说；

其实我自己也没啥本事，一教就露馅儿了；

……

以上这些都是管理者的不正确的想法，要及时予以纠正。管理者只有帮助下属成长和提升绩效，才能体现出自身的价值，要建立"下属有功我有功，下属无功我有过"的正确认知。

管理者必须牢记：**帮助别人其实就是在帮助自己。**《弟子规》说："己有能，勿自私。人所能，勿轻訾。"是说一个人如果有能力有本事，要时刻想着回报社会，服务大众，不要把本事藏起来不舍得传授给别人。看到别人有才华，也不能嫉妒，应该学习人家身上的优点，使自己也变得优秀。

欧阳修是北宋时期的大文学家，他有很多知名的散文，《醉翁亭记》至今被我们所熟知。欧阳修不但善于写文章，也是一位心地坦荡的君子。欧阳修曾经在朝廷里做官，他在任职期间曾经向皇帝举荐过三位宰相人选，分别是吕公著、司马光和王安石。这三个人都曾经和欧阳修不和，所以大家都非常不解他的做法。可见，欧阳修是一位品德极其高尚的人，他没有因为个人的得失而埋没人才；同时，看见比自己有才学的人，他也没有心生嫉妒，他的这种胸怀得到了很多人的赞赏。

祁黄羊是我国古代春秋时期晋国的一位大夫，为人非常贤德，而且心胸宽广。有一天，晋平公问祁黄羊谁可以做南阳县令，祁黄羊推荐了他的仇人解狐。解狐担任南阳县令后，当地的百姓非常满意。后来晋平公又问他谁可以担任京城里的尉官，他推荐了自己的儿子祁午。祁午上任之后也因为自己的廉洁公正，得到了大家的认可。孔子听说这件事情以后说："祁黄羊推荐人只看才德，不论亲仇，真可以称得上大公无私啊！"

《朱子治家格言》中有句话，"人有喜庆，不可生妒忌心；人有祸患，不可生喜幸心"，意思是说，当我们看见别人开心，看见别人有喜庆的事情的时候，不可以心生嫉妒，不要把你我分得那么清楚，不要看不得别人好，不要诋毁别人；我们也不能看见别人有不开心的事，看见别人遇到灾祸，就开心，就幸灾乐祸，我们要帮助别人走出灾祸，要尽自己的全力去帮助别人，即使实在没办法帮助别人，我们也要有同情的态度。

总之，我们自己有能力的时候，应该主动去协助别人，主动帮助别人去解决困难，而不能看见别人有困难，就抱以一种旁观的态度。幸灾乐祸的人，往往最后都不会有好的下场，因为我们对别人的灾难无动于衷，所以当我们遇到灾难，遇到困难的时候，别人也不会对我们伸出援助之手，别人也会对我们抱以旁观的态度。我们应该多多帮助别人，这样的行为其实就是在帮助我们自己，我们要广结善缘。

所以说管理者必须重视且认真辅导下属，帮助下属掌握在工作上必须具备的知识、技能、态度等；管理者还需要学会观察、评估下属的工作情形，以便可以正确地为下属的工作结果进行考核；了解部属的不足之处，制订精准的辅导策略。

一、教会徒弟真的就饿死了师傅吗

"教会徒弟，饿死师傅"，这可能是管理者常听到的一句俗语，这句话的情景往往是有人觉得管理者在工作过程中不坦诚相教，很多事情藏着掖着，不教给下属，担心下属学会了，就会撼动上级的位子。但事实真的是这样吗？不管你相不相信，"教会徒弟，饿死师傅"这句话能够一直被传播，说明这背后是有一定逻辑的。那这个逻辑到底正确与否呢？真实的现象又是如何的呢？我们一起来分析一下：

1. 珍贵的学识是不容易学会的。

真正有水平的人从不担心自己的知识和本领被人偷师，更不会担心被自己的下属或者徒弟学会了，这是为什么呢？因为**真正的学识都是长年累月勤学苦练出来的，不是让别人看一眼或者说几句就能学会的**；反而如果有人在工作时藏头露尾，成天忌惮被人偷师，那就一定说明了这个人的水平通常高不到哪去，也就比别人多知道几个窍门、几项小技能而已，而这不是真正的本领。同理，很多人认为拿到一个管理"模板"后就能够解决公司所有管理上的问题，事实上，你只是拿了一个"模板"而已。因此，但凡真正有能耐有本领的人，其实都是非常低调且乐于分享的，即使自己倾囊相授，能够真正沉下心去学的人也并不多，如果真正遇到了认真学习的人就收为自己的徒弟也是人生中的一种缘分。

2. 教会徒弟其实是最简单的管理常识。

任何一项工作，下属越早学会，越早上手，实际上对组织越是一件好事；相反，下属越晚上手，越无知，管理者就会越麻烦，组织也就越麻烦，其他同事还要帮着一起收拾残局。所以任何一位有管理责任担当的上级，都会认识到坦诚相教的重要性。当然，这里有一个条件就是：下属不是那种教一百遍都不会的人，而是教了几次基本就能学会且掌握，这样你作为上级才有收益。**共赢，才是真的赢。单方面的付出没有收获，换作谁，都不会长久。这里不仅仅指的是学习，与人相处也是这样。**

3. 专业信仰的光芒。

不管你现在是不是组织的管理者，如果你对你的专业有信仰，真正热爱你所从事的管理工作，那么你就一定是一位愿意倾囊相授之人。管理工作如此，其他工作也如此。**因为你的理想之一，一定是想让这个专业变得越来越好，这是专业信仰的光芒。**当然，任何下属都不要抱着"上级教导我是义务"的心态，如果你连对他人经验和学识的尊重都没有，那恐怕也没人愿意教授你经验和知识了。

管理者如何教导自己的下属才会让他们能力提升而又不伤害自己呢，这里给出以下几点意见：

首先，要选对徒弟，只有选正确的人，才能教会他做正确的事。如何选对徒弟呢？我们看看古人师傅选拔弟子的六大标准，仍然可供当今管理者参考：

看缘分：我们可能在武侠小说中经常看到这一点，凡事天时地利人和则成，师徒缘分，非常重要。

心要诚：对专业的高度认可，对师傅的高度认同、敬仰和忠诚。一个对师傅不忠诚的徒弟，学得越多对组织的伤害越大。

有天赋：一个人对某个方面有与生俱来的敏感度和悟性，这是成就高层次学问和技能不可或缺的条件；如果天赋不够，后天的努力只能补拙，未必可以成就理想的事业。

性敦厚：性情要敦厚、稳定、老实，不能是浮躁、浅薄、功利和见异思迁；遇到困难和问题的时候，要不急不躁，不怨天尤人，想尽一切办法克服困难并解决问题。

能吃苦：师傅永远无法代替弟子成长，徒弟只有吃苦耐劳、忍受寂寞，本领才能勇猛精进，才能达成目标。

会付出：没有付出，就没有收获，那些做着黄粱美梦，痴心妄想靠着投机而一夜成功的人最终都将被时代淘汰；一分耕耘，一分收获，这是亘古不变之理。

所以想要自我成长，不仅要靠师傅的指导，更要靠个人的努力。

其次，专注于下属的"错误"。许多管理者抱怨自己的下属不好管，他们喜欢说："这些下属不会动脑子。教了几次之后，他们仍然学不会。"但实际上，管理者有没有想过，自己指导下属的方式正确吗？在大多数情况下，管理者最多向下属示范两次，就觉得自己已经尽力教他了。但是，事实上许多工作的细节是不能在两次演示中掌握的。如果管理者真的想教好一个下属，那么当他犯错时，管理者必须弄清楚他为什么犯错了，错误在哪里，所有学习都是从错误开始的。如果管理者只是抱怨说他不擅长学习，学习速度慢，当他经常犯错误时，管理者都会为他做核心工作以避免麻烦，这个下属是很难成长的。如果过了几天后，老板问你："你的下属学习和成长得如何了？"此时，你向老板发了很多牢骚，说这个下属很懒而且学习缓慢。从表面上看，你在说自己下属的坏话，但你是否要考虑一下，这个下属也许就是某位重要客户介绍来的或者是老板亲自招聘过来的人？

最后，管理者只有成就了他人才能成就自己。只有帮助了下属成长，管理者才能专注于更重要的事情。一些管理者总是害怕下放权力，希望把一切都掌握在自己手中，最终结果是事情做得不好，管理工作也做得不好。实际上，大多数公司都会设定条件，以便能够找到合适的人选替代管理者，让管理者晋升后做更重要的事情。你可以花时间在最重要的事情上，实现自己的价值。

综上所述，在职场中对"教会徒弟，饿死师傅"产生恐惧是一种软弱的心态，他们担心教会别人会失去自己手中的饭碗，但是我们必须了解，这个世界是巨大的，探索一个更广阔的世界比拥有自己的东西更强大和更有前途，它可以反映生活的活力。这种生活是有意义的。当然，徒弟也需要了解，没有人是欠你的，师傅不是天生就要来教你的，因此，在接受任何人的帮助时，徒弟都应该表示衷心的感谢。身为徒弟要明白："别人帮助你是对你的爱，如果没有帮助你，自己要承担起学习成长的责任！"

在当今社会，师徒之间最好的关系应该是终生挚友，也许只有保持这样一种关系，互相促进成长和帮助，才能让师徒此生彼此信赖。

二、人才培养模式

人才培养模式是指培养主体为实现特定的人才培养目标，在一定的教育理念指导下，遵循一定的工作程序和方式方法对受教育者进行知识传授、能力培养及素质提升，并使其达到预期培养标准的一种相对固定的理论模型与操作样式。简言之：就是人才的培养目标和培养规格以及实现这些培养目标的方法或手段。

"国以才立，业以才兴。"任何事业的发展，都离不开人才的支撑，对任何组织而言同样如此。加强人才队伍建设，是组织不断发展壮大的关键，在激烈的市场竞争中，组织要取得主动、占有优势和获得发展，必须在人才培养上下功夫。建立正确的人才培养模式重点要关注以下三点：

1. 树立正确的人才观。

习近平总书记指出："人才是第一资源。古往今来，人才都是富国之本、兴邦大计。"他还强调："要树立强烈的人才意识，寻觅人才求贤若渴，发现人才如获至宝，举荐人才不拘一格，使用人才各尽其能。"组织依靠人才加快发展，首先要树立正确的人才观。一是选拔人才要讲五湖四海。广纳贤才是人才选拔的基本理念，管理者要有宽广的胸怀，有容人之短的雅量，做到唯才是举。二是培养人才要注重效果。要形式多样、渠道多种、层次细分、因材施教，既注重组织培养，又注重实践锻炼，营造人才成长的良好环境。三是引进人才要人岗相适、留足发展空间。为人才提供展示才能的舞台，激发其创新积极性。四是使用人才要各尽其能，用其所长。

2. 营造使人才脱颖而出的环境。

环境是人才成长的土壤。有了良好的环境，人才才能健康成长，组织才能获得长足发展。管理者要率先解放思想，打破条条框框，努力营造使人才脱颖而出的环境。一是要树立人本观念。要突出人才地位，彰显人才作用，让人才有地位、有荣誉、有实惠、有空间，最大限度为人才创造良好发展环境。二是要树立人才就是财富的观念。人才创造财富，人才就是财富。管理者要真正重视人才，做到爱才、惜才、识才、重才、容才，通过各种措施调动人才的积极性，让人才的创造力竞相迸发。三是要建立完善激励机制。实施有效的激励制度，引导员工比学习、比业绩、比贡献、比创新，鼓励员工不断进步、争当人才。

3. 加强对人才的分类培养。

"骏马能历险，犁田不如牛。坚车能载重，渡河不如舟。"人才也并非全能、样样精通。人才是多层面、多类型、多领域的，按照岗位职责，可以划分为经营管理人才、专业技术人才和操作人才等。因此，组织要对人才进行分类培养：

第一，加强管理型人才的培养。主要从业务骨干、高级管理人员、专业技术人员等方面加强储备，建立人才培养档案，给足发展空间，科学评估工作表现和业绩，形成系统的人才链条。

第二，加强专业技术人才的培养。主要从组织中的技术发展需要出发，选拔具有一定专业技术水平和潜能的专业人才，对他们进行多种形式的培养，让各类人才有更好的发展平台，在相应岗位更好地发挥专业技术作用，创造出更大价值。

第三，加强从专业岗位到管理岗位转型人才的培养。立足当前，着眼未来，加强转型培训，为组织造就一大批管理型人才。

总之，要通过各种方式加强人才培养，让各类组织中的人才队伍基础稳固、后备充足、充满活力，进而使组织保持勃勃生机，实现持续健康发展。

三、人才培养的胜任特征模型

胜任特征研究源于工业革命后，由于社会分工的不断细化，某些从事特定职业的人员和团体开始在社会上显现。因为从事相同的工作、面对相似的难题、经营共同的事业，所以这些职业团体经常聚集在一起相互沟通交流。由于从事相同工作的人当中有一部分本身不具备胜任能力，这造成他们的职业未能得到充分、确切的保证，这种情况导致公众经常将那些合格的专业工作者与不合格的专业工作者弄混淆，并导致公众对他们的认识产生偏差，如果这种状态长期持续，他们的生存条件、社会地位及未来的命运会遭受致命的打击。为了解决这个难题，职业任职资格测验随之产生，胜任特征（Competency）也应运而生，但当时对于胜任特征的定义却界定不清。

1911 年，"科学管理之父"泰勒研究显示，优秀工人与一般工人，这两者之间在完成工作时是存在差异的。他认为界定优秀工人高质量工作过程和结果的方法，就是管理者运用"时间动作研究"（Time and Motion Study）的方法。他同时建议，为了提高组织效能，可以采取系统的培训活动，有针对性地提高员工的能力水平。这种方法被称为"管理胜任特征运动"（Management Competencies Movement）。

20 世纪 60 年代后期，美国国务院感到以智力因素为基础选拔外交 FSIO（Foreign Service Information Officer）的效果不尽如人意。相当多外在表现优异的人才，他们的实际工作绩效结果却往往达不到标准。为了避免这种情况的发生，美国国务院委托麦克利兰教授设计一套科学合理的人员选拔方法，可以准确有效地预测实际工作绩效表现。在项目实施过程中，麦克利兰对胜任力研究的基础关键性理论和技术起到了至关重要的作用。

麦克利兰在《美国心理学家》杂志上发表了一篇研究报道：《测试胜任力而非智力》（*Testing for Competency Rather Than Intelligence*）。文章中提道：仅仅凭借传统的智力和能力倾向测验来预测事业成功或生活中的其他重要成就，这种预测方法是不科学的。人们主观上认为一些人格、智力、价值观等方面因素能够决定工作成绩，然而在现实中却没有达到理想的效果。因此，他强调从第一手资料入手，结合现实，对于影响工作绩效的个人条件和行为特征这两个重要因素进行多方面的直接发掘，最终目的是提高工作效率和促进个人事业成功。他将个人条件和行为特征这两个直接影响工作绩效的因素归纳定义为胜任力。他确定胜任力的过程必须遵照两条基本原则：①判断一项胜任力的唯一标准是工作业绩是否能够明显区分。②以客观数据为依据去判断一项胜任力是否能够区分工作业绩。麦克利兰将胜任特征的概念公开发表后，社会上的学术理论界和实业界掀起了胜任特征研究的热潮。博亚特兹（1982）在企业的管理工作中应用胜任特征，雷文（1984）在从业者领域引入了胜任素质，之后社会上开始广泛关注对胜任特征的研究。

1. 胜任特征的定义。

首先，需要区别 Competency 和 Competence 两个词，Competency 指与优异绩效有因果关联的行为类型和心理属性，而 Competence 指必须做的事情及标准。本书涉及的主要是 Competency。目前，国内出版物中的翻译很不一致，如翻译为"胜任特征""胜任力""胜任素质""胜任特质""能力""职能""素质""资质""才能""受雇用能力""资格"等等，其中前几种翻译用得较多。一般认为，Competency 并不局限于能力的范畴，而素质一词更多涉及生理方面的基础特征，所以，还是使用胜任特征更为准确。

麦克利兰提出了胜任特征（Competency）的概念，他认为企业在招聘和选拔中常用到的智力测验、性向测验、学科考试及等级考试等，不能对员工未来要从事的某个岗位所产生的绩效进行有效的预测，也不能判断他未来是否会取得成功，这样的结果对某些群体来讲还是非常不公平的。他把"与工作或绩效或生活中其他重要成果相似或相互联系的知识、技能、特质或动机"称为胜任特征。

很多专业人士会用水中漂浮的一座冰山来描述这些胜任特征：技能知识是表层的胜任特征，漂浮在水上，人们会非常容易发现，这些被称为基准性胜任特征；角色定位、价值观、自我认知、品质、动机等属于深层的胜任特征，隐藏在水面下，比较难以发现，这些胜任特征被称为鉴别性胜任特征。水面以上的基准性胜任特征适合通过培训得以提高，而水面以下的鉴别性胜任特征难以通过培训改变，构建培训体系时也需要分别对待。请看图 4-1：

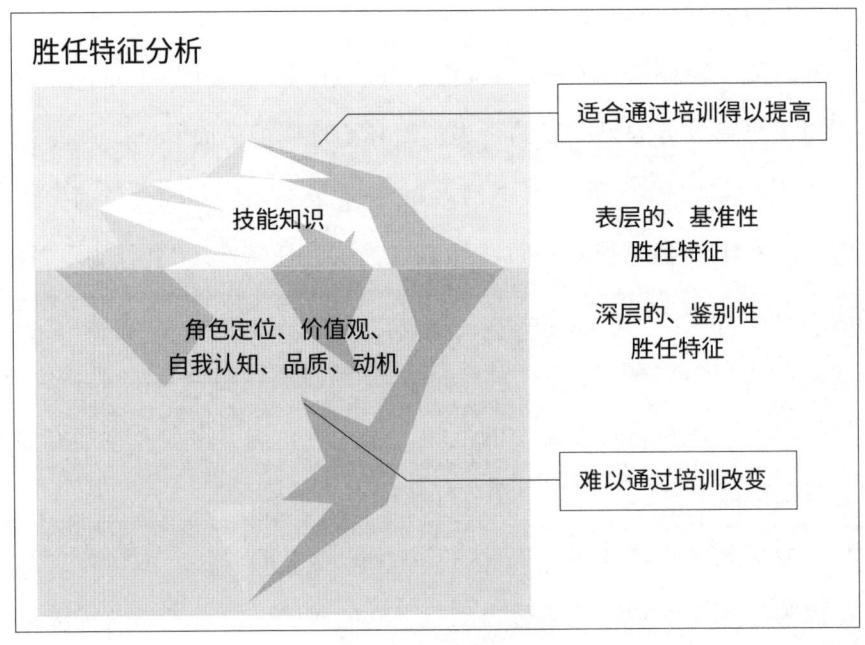

图 4-1 胜任特征分析

2.胜任特征模型的定义。

胜任特征模型（Competency Model）是指承担某一特定的职位角

色所应具备的所有胜任特征要素的组合。

胜任特征模型主要包括三个要素：胜任特征的名称、胜任特征的定义（指界定胜任特征的关键性要素）和行为指标的等级（反映胜任特征行为表现的差异）。

胜任特征模型的建构是以胜任特征的人力资源和培训为基础的。从很大程度上来讲，它是有效行使人力资源管理各项职能的重要基础和前提。胜任特征模型定义了对职位的具体要求。在行为指标方面，详尽地描述了从基本合格的行为等级水平到最优秀的等级水平。这样，我们就能清楚地知道，该职位表现平平者和表现优异者在行为水平上的差异究竟是什么。这就为我们选拔、培训、行为评价和反馈，以及后来的职业生涯发展提供了准确的依据，同时也为业务骨干到管理高手的胜任要求和转型培养设计提供了依据。

要识别胜任特征就需要构建相应的胜任特征模型。"胜任特征模型是由特定职位要求的优异表现组合起来的，包含多种胜任特征的结构，它描述了有效地完成特定组织的工作所需要的技能、知识和特征的独特组合。"建构一个有效的胜任特征模型通常需要符合以下三条标准：

能确认哪些胜任力可以带来优秀绩效；

以帮助实现组织战略为中心；

满足组织未来的发展需要。

四、"冰山理论"点醒梦中人

冰山理论将人的胜任特征因素按照显隐性和难易程度分布在一座冰山上，清晰地显示了各胜任特征之间的关系。胜任特征的构成包括技能知识、角色定位、价值观、自我认知、品质、动机六个层级。请看图 4-2：

图 4-2 冰山模型

根据冰山模型，胜任特征可以概括为以下六个层级，如表 4-1：

表 4-1　胜任特征的层级划分

序号	层级	定义	包含内容
1	技能知识	是指运用结构化知识完成某项具体任务的能力	如：决策能力、组织能力等
		是指个人拥有的某一特定领域的与事实和经验有关的信息，是对特定领域的了解	如：人力资源知识、统计学知识、人文知识等
2	角色定位	是指一个人未来预期想要做哪些工作的定位	如：报刊编辑、公务员
3	价值观	是指一个人对于事物的是与非、重要程度、是否必要等方面的价值取向	如：团队精神、牺牲精神
4	自我认知	是指一个人对个人本身的看法和认识	如：自信、乐观
5	品质	是指起源于个性的、对环境和各类信息所表现出来的持续而稳定的行为反应	如：正直、诚实
6	动机	是指一个人内在的、自然而持续的偏好和观念，它们将驱动、引导并最终决定人的外在行为	如：成就、影响力

一个人在长期无人监督情况下的工作状态可以通过品质与动机来预测。

表 4-1 中第 1—2 项是从事某项工作所要求的基本条件和资质，它们能够在比较短的时间使用一定的手段进行测量。例如通过各种专业方面的证书、考试成绩、面谈以及简历等具体方式，也可以通过培训等方式来提高。

对于表 4-1 中第 3—6 项的测量和表述是很难进行的，且它们与工作内容没有直接关联。只有当其引起个人的主观能动性发生变化时才会体现出它们对工作产生了影响。验证与评估这些，每位管理人员都有自己独特的理念，但往往由于其偏好而受到局限。

在选拔人才的时候，不能只对其进行技能和知识方面的考察，而是要综合考虑其价值观、个人品质、求职动机、自我认知等方面。如果没有良好的品质、价值观做基础，目标人才的知识越全面、能力越强，带给企业的负面影响会越大。

综上所述，我们可以明白不是所有的优秀业务骨干都适合转型成为管理者，也就是说，在业务骨干晋升或者转型培训前，要先评估这个转型者是不是适合从事管理岗位。如果适合，那么评估可以助力转型者的培养，否则就不能起到帮助作用了，反而还有可能导致人才流失。同时，我们还需要对管理者设立胜任特征模型，以分析和研究管理者在岗位上的胜任力。

五、胜任特征模型的应用

近年来，由于组织内外环境的急剧变化，人们能够越来越多地意识到组织的持续稳定发展，单靠人力资源管理模式是远远不够的。随着越来越多的专家、学者和从业人员参与胜任特征模型的研究和探索，基于胜任特征模型的人力资源管理的理念正成为一种全球性的潮流，并日益为人们所接纳。

世界500强公司已经有超过半数应用了胜任特征模型来进行人力资源培训开发。70%—80%的美国公司已经应用了胜任特征模型。除此之外，政府部门也广泛地应用了胜任特征模型相关的理论和方法，美国、澳大利亚、加拿大及欧洲多个国家都已经相继投入胜任特征的相关研究。目前，基于胜任特征的职业资格标准和国家技能标准已经出现在中国、美国、英国等国家，并用来增强竞争力。具体来说胜任特征模型可以运用于人力资源管理中的工作分析、薪酬管理、员工招聘、培训及发展、绩效管理和职业规划与接班人计划等领域。请看图 4-3：

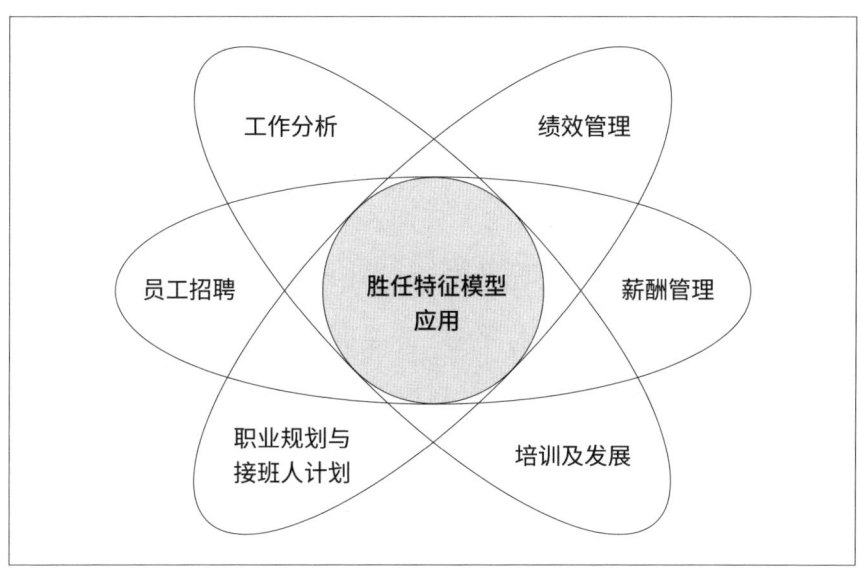

图 4-3 胜任特征模型的应用

在培训及发展方面应用以胜任特征模型为基础的研究方法，具有以下几个特点：

以公司的战略、愿景、发展目标为导向；

以受训人员为中心；

充分地了解受训人员现有的状态；

有清晰的标准且形式灵活；

……

因此，员工能够进行有针对性的培训和学习，有助于提高其学习意愿，改善学习效果。在以胜任特征为基础的员工培训中，能够将公司的战略发展与特定岗位所需的关键胜任特征相结合，有针对性地培养符合企业要求的员工，使参训人员能够更好地开发出适合特定岗位的技能。

总之，胜任特征模型为企业进行人才培养提供了新思路，虽然目前胜任特征方面的专家学者、咨询公司和相关从业者已经进行了很多调查和研究，但是仍有很多实际操作问题有待解决。为了迎接人力资源管理竞争全球化的挑战，开展更有针对性的培训，培养属于企业自己的人才，满足员工的利益需要并维持企业的可持续发展，建立以胜任特征模型为基础的人才培养模式是很有意义的。

两个有效的招式

招式，也称为招数，一般是指武术中各种姿势动作。一招一式，是各种武术中姿势的分解动作。平时练习的时候叫"式"，用到实战中，就叫"招"，相当于理论和实践的区别。

辅导部属的工具和方法，根据作者在组织人才培养实操中的分析，推荐两种比较实用和有效的方法：一是"夸、听、问、讲"辅导法，二是 GROW 教练模型。

一、"夸、听、问、讲"辅导法

夸：每个人都希望自己的工作受到认可，自己的行为得到赞赏。管理者要对员工过往的工作内容给予一定的肯定，并且在夸赞员工时要注意以事实为依据，不要夸大赞美，公开夸的点要落到员工的具体行为上，而不是员工个人身上，因为这样才可以起到激励员工本人和对其他员工起示范的作用。另外对员工的夸奖要及时，最好在收到值得夸赞的信息后，马上找到机会夸奖，如果把夸赞的时机错过了，管理者再赞美员工的话就有可能起到反作用了。最为关键的一点是管理者要注意在夸的同时不要用"但是"一词，否则员工不会注意管理者在赞美他，而会将注意力放到"但是"之后，即没有起到表扬的作用。

听：对成熟度比较高的员工，管理者要试着多听听员工的意见和想法，来自基层的意见可能是最具有指导意义的，注意听员工所说的事实和感受。华为创始人任正非曾说过："要让听得见炮火的人来做决策。"说明管理者要多听听一线员工的意见，而不是自己坐在办公室里对一线人员指手画脚。管理者在沟通交流时要看着员工，给予鼓励，不要轻易打断员工讲话，认真听、认真记录，不插话，不走神，诚恳尊重地听员工发表自己的意见和想法，同时要能够理解对方的感受。管理者要注意，听完要整理内容摘要并复述以求确认事实，同时避免刻板的印象与先入为主的成见。

问：是去主动了解员工的想法和动态，先问开放性问题，然后再问封闭性问题；先问感受，问缘由，问计划，问需求，问挑战。管理者在与员工进行沟通时不批评，不诱导，保留自己的意见不要去影响员工的发言，学会运用漏斗式的发问技巧，引导员工说出想要表达的真正意思，并且聚焦到问题上，以便日后解决问题。值得特别注意的是，管理者要注意区分问题的表象和本质，探索并澄清事实以深入了解，最好采用探索和体恤的回应方式与员工进行交流。最后问封闭性问题进行确认，得到良好的结果。

讲：这里所说的讲，主要是指管理者给予员工指导。管理者在说话前要先仔细思考，准备好讲话的内容和逻辑，所以在讲话前一定要打好草稿，不要乱讲，否则就有可能误人子弟。管理者在与员工谈话和进行指导时多用例子、比喻和数据，一定要把要求和规则讲清楚，必要时还要讲多次并反复确认。对于员工违反公司制度、流程、企业文化等原则性事情要因员工的成熟度不同而进行讲解和沟通，比如新员工若违反了，可以考虑给新员工1—2次的改正机会；如果是老员工，对他们的要求就不一样，老员工违反了公司的制度和规定，与新员工违规的性质是不同的，毕竟他们是"知法犯法"，应该给予更加严格的批评和惩罚，以警示他们。

请见表4-2：

表4-2"夸、听、问、讲"辅导法比较表

	内涵	技巧
夸	表扬、赞美、认同、赏识	先说优点、认同，再谈建议
听	听其个人的想法、看法、设想、计划	看着对方，用同理心听，不轻易打断，不插话，不走神，诚恳地尊重倾听。听完要组织内容加以确认
问	问感受，问打算，问缘由，问计划，问挑战，问资源	问开放性问题，进行探索，不批评，不诱导；最后问封闭问题进行确认
讲	讲做什么，讲如何做	讲方法、讲要求、讲建议

我们通过图4-4来分析一下因人而异（员工成熟度分类）的"夸、听、问、讲"辅导法在实际工作中的运用和落地情况。

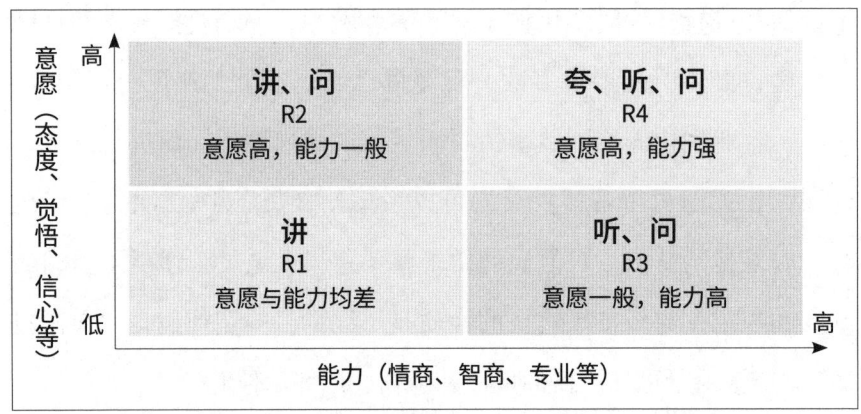

图 4-4 因人而异（员工成熟度分类）的"夸、听、问、讲"辅导法

从图 4-4 中，我们可以看出：将能力（包括情商、智商和专业等）定为横坐标，将意愿（包括态度、觉悟和信心等）定为纵坐标，将此组合成为一个象限图，对组织的人员进行分析，并考虑采用合适的辅导方式。

首先，如果一个人的意愿和能力都比较差，我们称这样的员工成熟度为 R1，一般是指职场中的新人。管理者不要对一个没有给予组织贡献的新人各种"夸"，否则会误导新员工，让他认为不需要为组织努力和付出，就可以得到认可和赞美。对于一个成熟度较低的员工，当然"听"和"问"也不能在他的身上得到有价值的回应，所以也显得不那么重要了。职场上有句话说"新人不严管，以后就很难管严"，所以这个时候，管理者对 R1 的员工采用"讲"的指令型辅导方法，是最直接、最能有效地提升员工的绩效和帮助他成长的辅导方式。

其次，员工的能力一般，但是意愿很高，我们称这样的员工成熟度为 R2。对于 R2 的员工来讲，管理者在多采用"讲"的指令型辅导方式以外，还要适当地"问"一下员工的想法和要求，以鼓励他的热情、意愿和信心。当然 R2 的员工成熟度并不高，所以"听"他的意见并不重要，"夸"可以适时但不作为重点，因为他还没有为组织产生出绩效。还是那句话，不要对一个没有为组织产生绩效的员工给予夸赞，否则，有可能会起到反作用。

再次，当员工处于 R3 成熟度，也就是能力高而意愿和信心不足，此时，员工在做事的能力和专业度的表现上是没有问题的，所以对于这种较高成熟度的员工来说，"讲"已经不适合了。管理者如果此时还对他指手画脚，过多指示，一来会给员工一种不放心、不信任的感觉，二来也是做了无用功，把时间浪费在员工已经不需要的指导上。"夸"给予的赞美和肯定，用在此时，可能会让员工感觉得到了一些鼓励，但也有可能会让员工认为管理者对他的表扬有些嘲讽的味道，因为此时此刻员工还没有为组织作出较大的贡献，本身也处在一种意志摇摆的阶段。所以，用"听"来了解员工的心声和意见，用"问"来知晓员工的困惑和不满，这样就更适合有针对性地辅导员工成长。

最后，对于能力高、意愿也高的员工来说，就是成熟度最高的 R4 阶段。针对 R4 的员工，显然不能用"讲"了，因为完全没有必要了。这时候的员工已经成长为公司的核心人才，我们要把他留在组织中的重要岗位上，给予高度赞美和肯定，并且作为优秀员工进行标杆宣传，使他成为组织当中的楷模、员工效仿的对象。另外，"听"他的意见和想法，这些意见想法既可以作为公司发展的建议又可以作为指导其他员工成长的宝贵经验，他也是企业内训师的不错人选。在"问"的方面，管理者要了解他的新想法和新需求，对工作改进和对组织发展的一些建议，优秀的人才在实践中一定积累了大量的经验，收集起来作为组织发展的依据，是非常有价值的，正所谓"实践出真知"！

我们一起看一下下面的案例：

丁丁是公司的销售人员，是一个活跃分子，大学毕业刚一年，思想跳跃，性格开朗活泼，与公司的同事相处较好，是个大气的女孩子。丁丁很热爱现在这份工作，她在客户维护方面，很用心，很主动，但是由于经验不足而工作效果不理想。销售部经理在月度或季度检查客户管理的数据时都会发现她业绩不佳，任务没有完成。对此，销售部经理在与她做绩效面谈时指出她的问题，虽然丁丁能接受不足，承认错误，但改善结果却不好。

面对丁丁这种情况，我们如何采取"夸、听、问、讲"的辅导方法呢？首先我们要对丁丁进行员工成熟度的判定，从她的情况我们分析得出她是意愿高，能力一般的女孩子，属于 R2 的成熟度。那么针对这样的员工，我们采取"讲"和"问"的辅导方式，在"讲"的方面多给丁丁一些具体的指导意见、实施步骤和工作方法，牵她的手使她一步步成长起来；另外在"问"的方面多了解她的问题和困惑，以便可以针对性地解决，以帮助丁丁成长起来。

结合上述内容，我们概括性地描述一下，对于员工开展工作辅导可以按照如下的步骤进行，便于员工快速接收和掌握：

说明：说给他听

示范：做给他看

练习：让他做做看

查核：看他做得怎样

鼓励：鼓励一下

帮助员工实施工作的具体做法有以下一些，供读者参考和借鉴：

1. 让下属参与业务会议、部门活动，并授予管理的任务；

2. 经常询问下属的意见（你认为怎样）并听其建议；

3. 交代下属工作时，同时说明要点及注意事项；

4. 发掘和指出下属的成长可能性；

5. 派给下属需要自我启发的工作；

6. 进行岗位轮调及组织的修正；

7. 为加重其任务，尽可能授予下属自由裁定的权限；

8. 对下属执行成果要给予适时评估，并及时鼓励，表达信任和期待；

9. 赞美或责备下属时能具体明确；

10. 欢迎下属提问，甚至让他挑战上级的想法；

11. 下属发生错误应及时纠正；

……

二、GROW 教练模型

1. 什么是 GROW 教练模型。

美国《财富》杂志说："企业教练是当今最新管理方式中的一种，是人力资源中最热门的形式之一，但它又不仅仅是人力资源管理。它处于飞速发展阶段，正逐渐延伸至美国的知名企业之中的每个职员身上。"

教练之所以被日益重视，是因为在教练技术标准流程的基础上，针对被教练者因地制宜地使用辅导方法和技术。教练关注被教练者的内心价值取向，结合现实工作和生活，启发被教练者找到自己愿意为之努力的方法，并支持和鼓励被教练者去实践在教练过程中形成的行动方案。更重要的是，教练是一个分阶段循序渐进的过程，有了过程的支持、鼓励和责任承担，行为才可能逐步发生变化。

GROW 模型是教练技术中常用的有效工具之一。GROW 用于辅导他人，是设定目标和寻找解决方案的有效工具，其目的是通过教练式领导的帮助和启示，自行负责地找到答案并确定行动方案。GROW 模型具体说明如下（参考图 4-5）：

　　Goal（目标）——教练（上级）是否帮助被教练者（下属）设定了一个明确的目标？这个目标在被教练者（下属）努力之后是可以实现的。第一步是清楚与被教练者（下属）谈话和沟通的目的。

　　Reality（现状）——教练（上级）是否通过有效的提问帮助被教练者（下属）提高了认识，也就是是否认识到了事物的本来面目？第二步是描述发现的问题，要求被教练者（下属）分析原因，避免盲目下结论，设身处地地倾听。

　　Options（方案）——教练（上级）是否帮助被教练者（下属）发现了实现目标的创造性选择方案？第三步是解决方案，最重要的是要询问被教练者（下属）对问题的看法以及解决方案，通过提问鼓励创造性思考"还有没有更好的做法"，这个方案要具有可操作性。

　　Way Forward（行动）——教练（上级）是否使被教练者（下属）承担起执行方案的责任？教练（上级）是否使被教练者（下属）制订了一个明确的行动计划？第四步是与被教练者（下属）一起商讨行动计划，制定时间安排，感谢被教练者（下属）并表达教练（上级）对他的信心。

　　每一个优秀的管理者都应该是一个很好的教练，我们可以在自己的工作和生活中运用这些教练的原则、方法和技术，包括对自己和他人。管理者期待提升自己的教练能力，不妨对自己或下属，针对这四个步骤和这些问题真正做一次实践，只有这样才能感受到教练的力量！

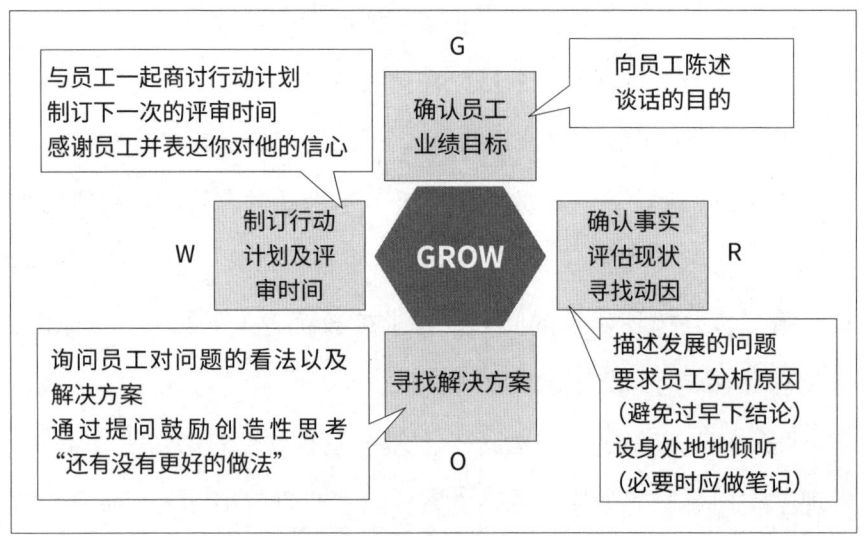

图 4-5 GROW 教练模型

特别提示和说明的是：

第一步 G（目标），要清楚地向下属陈述谈话的目的和目标。

第二步 R（现状），描述发现的问题，要求下属分析原因，避免盲目下结论，设身处地地倾听。

第三步 O（方案），寻找解决方案，最重要的是要询问下属对问题的看法以及解决方案。

第四步 W（行动），与下属一起商讨行动计划，制订时间安排，感谢下属并表达你对他的信心。

2. 运用 GROW 模型创造专注。

经过理论分析和实践经验得出结论，一个组织之所以能有很好的绩效表现，是因为组织中的成员在以下四个方面发挥了积极的作

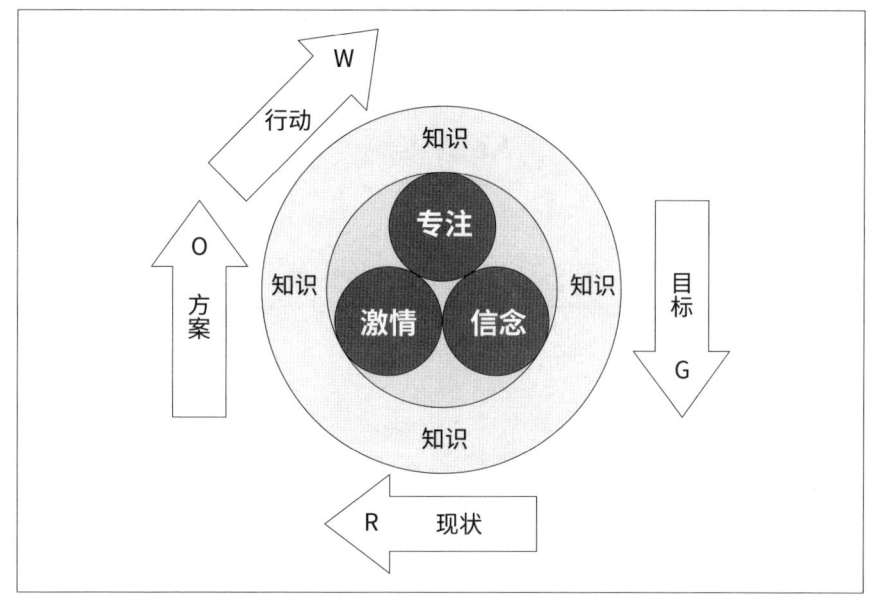

图 4-6 GROW 教练模型创造关注示意图

用（参考图 4-6）：

信念：团队成员真心相信组织的活力、竞争力和目标，坚定不移跟着组织且团结在一起，不动摇、不忘初心，这就是坚实的信念。

激情：团队成员富有激情地投入自己的工作中，并且不断地激励自己，不断创造激情投入，让组织永葆活力，让成员干劲十足！

专注：团队成员明白应该把工作的关注点放在最能够帮助公司成功的关键方面，集中所有精力并不受外部因素的干扰，以此全情投入并促进组织绩效的达成甚至超越。

知识：知识是一个保障性的因素，是达成目标的能量，团队成员不断丰富自己的知识并能够充分运用自己所具备的新知识来更好地开展工作取得成果，从而促进组织目标的达成和提升。

以上四点是影响管理者所在团队中成员在组织中绩效表现的关键。

表4-3列出了影响员工表现的要素。

表 4-3　影响员工表现的要素

正面	负面
信念 相信自己的学习和适应能力	不安全感 害怕和自我怀疑
热情 热爱、活力和承诺	冷漠 冷淡、没兴趣、顺从
专注 注意力、专心	不协调 分心、易受干扰、表现不稳定
知识 新的视野、新的能量和新的动力	无味 不上进，不思进取，工作开展受限

员工处在心流状态时是最为专注的，也是创造组织绩效的最佳时候。所谓心流状态，指的是当人们沉浸在当下着手的某件事情或某个目标时，全神贯注、全情投入并享受其中而体验到的一种精神状态。心理学教授、"心流"概念的创造者米哈里·契克森米哈赖说："当人们处于心流状态时，需要调动内心的全部能量。因此，没有余力去关注让他分心或无关的想法。"

人们对于心流状态的描述大都体现出一种更强的专注与投入：

舞者说："我能完全集中精力，我的思想不会走神，不会想其他

无关的事情，而且完全沉浸在当下的事情上，我会感到轻松、舒服、充满活力。"

攀岩者说："我完全沉浸在当下所做的事情时，会把自己与当下的活动融为一体。"

象棋手说："专注就像呼吸，我根本不用刻意去想它。即使房顶塌了，只要没有砸到我，我就不会意识到房顶已经塌了。"

通过以上分析，我们明白了管理者只要让员工处于心流状态，就可以让员工更为有效地提升组织绩效。

我们再看一个运用GROW模型创造专注的案例吧：

克服公开演讲的恐惧

李明启一直不喜欢公开演讲。可能是因为他从童年时起就害羞；也可能是因为他11岁时在网球场上不得不面对一个一米八几的壮汉对手所留下的后遗症；还可能是因为李明启21岁那年试着教一群女士打网球，结果舌头打结，连一个字都说不出来所带来的心理阴影（他说那次紧张到觉得脑袋要爆炸一样，以至于他不得不让这群女士再去打几个球，他好利用这个空当调整自己）。不管是什么原因，李明启就是害怕当众说话。

但是，李明启知道，想要成为一名自己理想中的优秀教练，他就不得不当众讲话。因此，他开始专注在自己的"G（目标）"上：就是能够不再害怕当众讲话。

接下来李明启专注在"R（现状）"上：害怕干扰着他，一个声音在他的脑海里不停地说："他们在评价你，他们觉得你是个十足的傻瓜。他们根本没听你讲，而且还在嘲笑你。"这时，李明启就会全身紧张，思路被打乱，脑子里越拼命想找到什么办法来改变当前的状况，嘴里说出的话就越没有逻辑和道理。

所以，李明启专注在"O（方案）"上：头脑风暴想出了各种方法，从播放事先录好的演讲稿到想象每个观众都只穿着内衣（这是某些演讲顾问给他出的馊主意），再到放弃或换个职业。

最后，李明启决定在采取"W（行动）"时，专注在两个方面：一个方面是他自己的站姿，他知道当自己发挥不错时，他会站直而且姿态自信。当李明启站姿不佳时，他能感觉到观众会变得不耐烦，看到观众们相互看看，开始东张西望，然后他就会更害怕，因为他知道大事不妙了。这是一个恶性循环，李明启想打破这种循环。他知道不管发生什么，至少可以控制自己的站姿。因此，他觉得一定要确保自己保持一个好的站姿，这样在大家面前自己看上去就是很自信的（已经会利用专注在姿势的方法上提升成绩了）。

另一个方面，李明启把专注点放在坐在教室前排的一两个"微笑者"身上。在每个群体中，好像总有一些人会自然地表现一种热情、放松、积极的情绪。当这些人点头和微笑时，李明启就感觉特别好，而且这让他很放松。因此，他决定把和"微笑者"交流作为每一次演讲的开始，就像这些"微笑者"是他唯一的观众一样。一旦李明启渐入佳境，觉得越来越自如时，他就把视线逐渐扩展到其他人，最后覆盖全场，甚至那些"刺儿头"，这时他已经做好准备，让大家接受自己。

从根本上讲，李明启改变了自己关注的方面。他不再关注"在一大群人面前讲话（这是一件令人害怕的事）"这件事，而是专注在"站直并且简单地和一两个友善的观众交谈"上，因为这些是他可以做到的。专注在自己可以控制的事情上增强了他的信念，进而增加了他的热情，从而帮助他大幅提升了演讲的表现。

从上述案例中，我们看到，GROW 模型加快了"决策速度"，减少了干扰，澄清了思路，明确了方法，而且把挑战分解为一系列可完成的任务。GROW 释放了信念、热情和专注，让人们自如地运用他们已有的知识。

3. GROW 模型的问题列表。

在 Goal（目标）、Reality（现状）、Options（方案）和 Way Forward（行动）四个环节中，管理者要对团队成员采取相应的沟通和提问以确认达到目的，以下分别列出来一些提问的大纲供参考使用：

Goal（目标）：确保目标 SMART（具体的、有意义、可操作、实际的和有时限的）

√我想解决什么问题？

√通过利用 GROW 模型，我想得到什么结果？（我的 SMART 目标是什么？）

√如果我不采取行动，会有什么后果？

Reality（现状）：了解现状要真实准确

√简言之，现在的情况是怎么样的？

√我做了哪些努力？结果怎么样？

√对我来说，障碍是什么？对别人呢（如果别人与此事也相关的话）？

√别人会用什么不同的方式来描述现状？

√我的目标是否可行？

Options（方案）：要做到真正的头脑风暴

√想象一下，我可以做什么来推进这个问题的解决？

√如果别人加入进来，他们需要看到或听到什么，才能引起他们的关注？

√反思自己解决这个问题的过程，我该如何改进？

√有哪些方案是我特别感兴趣需要进一步深入思考的？

√如果根据目前的这些方案开始行动，我该怎么做？

Way Forward（行动）：确保也符合 SMART

√哪些方案是我觉得不错并想采取行动的？

√我该怎么做？

√我的阻碍是什么？

√我下一步该做什么？什么时候开始？

第五章

善于沟通

　　沟通：是人与人之间、人与群体之间思想与感情传递和反馈的过程，以求思想达成一致和感情的通畅。

第一节

人际沟通

> 沟通：不是本能，是能力。
>
> 沟通：不是天生具备，需要后天培养、学习和经营。
>
> 沟通：是一种影响力。

一、什么是人际沟通

人际沟通是指人与人之间的信息交流过程。其过程就是人们采用言语、书信、表情、通信等方式彼此就事实、思想、意见、情感等方面进行交流，以达到人与人之间对信息的共同理解和认识，取得相互之间的了解、信任，甚至依赖，形成良好的人际关系，从而实现对行为的调节。

人际沟通是一种历程，是指在一段时间之内，有目的和有意义地进行一系列的行为。比如，与自己的亲人饭后闲聊，或和好友千里一线牵地电话聊天，包括使用网络与网友们对话都是一种人际沟通的行为。而在每一个沟通的历程里，都会产生一定的意义和目的，所有这些行为，都是在进行人际沟通。

人际沟通的特点主要表现在以下几个方面：

1. 目的性。

人与人沟通时，有其目的性存在。比如我们在一个城镇中迷路了，想开口问路希望能够获得帮助，不论我们问的是什么对象，可能是警察或是小孩，不论我们的语气是和缓或者着急，都有一个目的性存在，就是想知道自己身处何方，如何找到要走的路。在人际沟通中，沟通双方都有各自的动机、目的和立场，都会设想和判定自己发出的信息会得到什么样的回答。而双方的动机、目的和立场可能相同也可能不相同，因此，沟通的双方在沟通过程中发生的不是简单的信息运动，而是信息的积极交流和理解。

2. 象征性。

沟通可能是语言性的也可能是非语言性的。如面部表情能够表现出你的非语言沟通，或者用文字沟通，如书信，或文章、文摘等，能够传达出其表征的含义，均有一种象征性的作用。比如吵架，有破口大骂的非理性沟通方式，也有冷战不说话，但彼此能够明白对方所表现出的意思。人际沟通借助语言和非语言两类符号，这两类符号往往被同时使用。二者可能一致，也可能矛盾。

3. 关系性。

其意指在所有的沟通中，人们不只是分享内容意义，也显示彼此之间的关系。在互动的行为中涉及关系中的两个层面：一个是呈现于关系中的情感，另一个是人际沟通中的关系本质在于界定谁是主控者。而关系的控制层面既有互补的也有对称的。在互补关系中，一人让另一人决定谁的权力较大，所以一人的沟通讯息可能是支配性的，而另一人的沟通讯息则是在接受这个支配性。在对称关系中，人们如果不同意有谁能居于控制的地位，当一人表示要控制时，另一人将挑战他的控制权以确保自己的权力。或者是一人放弃权力而另一人也不愿承担责任。互补关系比对称关系较少发生公然的冲突，但是在对称关系中，权力较可能均等。这就是沟通的关系性。

4. 互动性。

人际沟通是一种动态系统，沟通的双方都处于不断地互动即相互作用中，刺激与反应互为因果，如乙的言语是对甲的言语的反应，同时也是对甲的刺激。我们把人际沟通定义为产生意义的互动过程。人际沟通是互动的，因为意义发生于两位参与者之间的原始讯息和对讯息的反应。沟通历程发生于不同的人之间讯息的传递和接收，此历程透过会被噪声干扰的知觉管道来进行。要形成一个良性的双向互动沟通，必须包含三个行为，说的行为、听的行为和问的行为。一个有效的互动沟通技巧就是由这三种行为组成的。换句话说，考核一个人是否具备互动沟通技巧的时候，看他这三种行为是否都出现，以及三种行为分别出现的频率。

5. 可塑性。

处理人际关系好像是自然的、与生俱来的能力，所以很少人注意沟通形态与技巧。我们有时把一些沟通上或态度上的错误都想成"这是天生的，无法改变的"，就不会试着去改变自己的错误沟通态度。但其实沟通是需要学习的，我们要试着去观察周遭环境的人，谁的沟通技巧好，便值得我们去学习，谁的沟通态度顽固不堪，要警惕自己别犯了同样的错误。我们都必须去学习人际沟通的一些方法和技巧，让沟通可以在更加自然、更加和谐、更加顺畅的环境中发生和进行，我们要在不断地学习和练习中获益。

6.统一的（或者是近似的）编码系统和译码系统。

这不仅指双方应有相同的词汇和语法体系，而且要对语义有相同的理解。语义在很大程度上依赖于沟通情境和社会背景。沟通场合以及沟通者的社会地位、政治面貌、宗教信仰、职业等方面的差异，都会对语义的理解产生影响。如果沟通双方的词汇和语法体系不一致，那么双方就无法正常开展沟通，也就导致沟通无效。

二、沟通的过程模型

首先，我们先了解一下什么是沟通的过程模型。请看图 5-1：

沟通的过程模型是指信息发送方（可以是个人或群体）借助语言、文字、动作及表情等载体（也称媒介），将知识、思想、情感

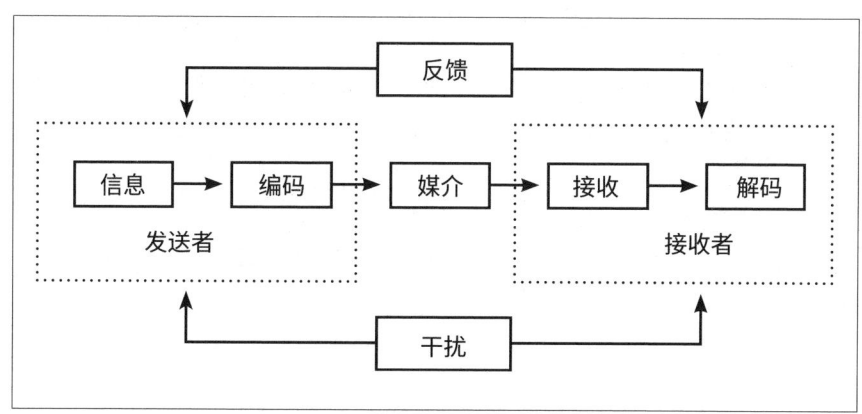

图 5-1 沟通的过程模型

等信息送达信息接收方（可以是个人或群体）的过程模型。

在图 5-1 的沟通过程模型图中，我们可以看到沟通过程模型包括了九个要素，即发送者、信息、编码、媒介、接收者、接收、解码、反馈和干扰。

1. 发送者。

可以提供用于交流的信息，在沟通过程中处于信息传递的主动地位，是整个沟通的起点。发送者可以是个人，也可以是群体。

2. 信息。

是发送者需要表达的意见、想法、思想或诉求。信息存储于传送者的大脑之中，是还未表达出来的内容。

3. 编码。

编码就是发送者将信息以接收者能够正确接收并识别的方式表达出来的过程。因为沟通的主体是人，所以信息的表示形式可以是语言、文字、图形、动作或表情等，丰富多样。

4. 媒介。

即信息的传递方式。除了最常用的通过语言进行直接交流外，随着各种通信工具的产生和发展，人们还可以通过电话、传真、电子邮件、互联网聊天工具等形式传递信息。在实际沟通过程中，人们除了要选择适合的通信工具外，还要考虑恰当的时间和环境。比如重要的合同除了口头协议外，还必须选择书面方式进行签字盖章等。

5. 接收者。

相对于发送者，接收者是信息送达的对象，在沟通过程中处于被动地位。人们往往借助于听觉、视觉和触觉等活动感知信息。

6. 接收。

是指接收者收到发送者发送过来的信息内容的行为和过程。在这个行为和过程中，必须是畅顺的，没有干扰或阻拦的，才可以让接收者准确无误地收到信息内容。

7. 解码。

解码是接收者把送达的信息经过"翻译"，变成自身可理解信息的过程。编码和解码过程类似于电报传输中的加密和解密过程，双方如果要进行信息的准确传递，就必须遵循一定的规则。当然，在实际的沟通中，由于信息双方不同的主观意识和经验背景，接收方解码后获得的信息不一定就是发送方的本意，因此，有必要加强沟通。

8. 反馈。

反馈是接收者接收并"翻译"信息后，向发送者求证理解是否正确的过程。它是沟通过程的最后一个环节。反馈使沟通变成一个闭合循环的过程，也使得信息传递双方在发送者和接收者两个角色之间进行不断切换，是双方实现准确信息交换目的的重要环节。在实际沟通过程中，信息接收者应积极向发送者作出反馈，发送者也应该主动向接收者获取反馈，以达到最终的信息传递目的。

9. 干扰。

对信息的传递有可能造成干扰的一切因素均可称作干扰。干扰越多，信息传递的障碍越大，信息传递效率就会越低。所以，我们要尽量避免干扰的产生，减少或弱化干扰对沟通过程的影响。在实际沟通过程中，干扰的影响无处不在，我们无法将其彻底消除。常见的干扰源有：不同的文化背景、主体的情绪、个人的价值观和伦理道德观、模棱两可的语言、认知水平的高低等。

三、沟通漏斗法则

沟通漏斗法则，是指工作中团队沟通效率下降的一种现象。具体表现为，如果一个人心里想的是 100% 的内容，当这个人在众人面前、在开会的场合用语言表达心里 100% 的内容时，实际上表达出来的内容只有 80%，别人能接收到的信息可能只有 60%，别人记住的只剩下了 40%，别人能理解的内容已经只有 20% 了。请看图 5-2：

图 5-2 沟通漏斗示意图

一个团队要共同完成一项任务，必须要配合默契。一个企业要发展壮大，员工之间必须达成有效的合作，合作的默契源于沟通，是对沟通的升华。在工作中尽可能避免产生沟通漏斗，才能达到更好的理解，以便更出色地完成工作；同时可以避免他人不全面的或错误的理解影响人际关系。

沟通漏斗呈现的是一种由上至下逐渐减少的趋势，因为漏斗的特性就在于"漏"。所以说，职场中的管理高手们一定要掌握一些沟通技巧，争取让这个漏斗"漏"得越来越少。

管理者如何解决"沟通漏斗"这个问题呢？

团队在解决沟通漏斗问题上应认识到"沟通就是影响力"这个真理，对于有分歧的问题，管理者要进行及时的沟通，无论大事小事必须及时进行讨论，如有必要还可以通过会议的形式现场解决。下属在完成任务的过程中，应及时向管理者进行反馈，如果在工作的开展过程中发现有偏离，管理者应及时纠正。团队每项工作都应有专人负责，需要对该工作有充分的认识。如遇问题，管理者要及时与有关人员进行沟通。除此之外，管理者还要消除沟通屏障，及时向员工提供他们需要的信息，保质保量地完成每一项任务。

我们来看看"沟通漏斗"的两个经典案例：

案例一：老公与老婆

"从前，飞英公园有一家人，一个老婆，一个老公，他们有一个女孩。"虽然意思没错，但我当时听着就觉得别扭。一边记一边在心里想着，现在讲给小朋友听的故事也与时俱进了，"老公老婆"

张口就来。可今天下午放学接孩子后，一翻开孩子的作业本我就乐了。因为老师用红笔分别在故事里的"老婆"和"老公"后边各加了一个"婆"字和一个"公"字。原来是这样！这个故事被孩子漏掉了两个字，把这两个字一加上，故事的味道迥然不同，童趣立现。

案例二：关于哈雷彗星的通知

二战期间，美国军队中营长对值班的军官说："明晚大约 8 点钟左右，哈雷彗星将可能在我们这个地区被看到，这颗彗星每隔 76 年才能看见一次。命令所有士兵，着野战服在操场上集合，我将向他们解释这一罕见的现象；如果下雨的话，就在礼堂集合，我为他们放一部有关彗星的影片。"

值班军官立即执行营长的命令，对连长说："根据营长的命令，明晚 8 点，每隔 76 年才能看见一次的哈雷彗星将在操场上空出现。如果下雨的话，就让士兵穿着野战服列队前往礼堂，这一罕见的现象将在那里出现。"

连长立即执行值班军官的命令，对排长说："根据营长的命令，明晚 8 点，非凡的哈雷彗星将军身穿野战服在礼堂中出现，这是每隔 76 年才出现的事。如果操场上下雨的话，营长将下达另一个命令，这种命令每隔 76 年才会出现一次。"

排长立即执行连长的命令，对班长说："明晚 8 点，营长将带着哈雷彗星在礼堂中出现，这是每隔 76 年才出现的事。如果下雨的话，营长将命令彗星穿上野战服到操场上去。"

最后，班长对士兵说："在明晚 8 点下雨的时候，著名的 76 岁的哈雷将军将在营长的陪同下身着野战服，开着那辆彗星牌汽车，经过操场前往礼堂。"

同样道理，在企业经营中，谁能保证我们的企业不会发生像"老公与老婆"还有"关于哈雷彗星的通知"这样的笑话。其实，我们经常会遇到"沟通漏斗"，会遇到信息在传递过程中失真的问题。一旦信息失真，员工就会采用部分理解的方式，执行就会大打折扣，生产效率会大大下降，企业效益会大受影响；严重时，会造成企业倒闭。当追究起责任时，大家就会互相埋怨，进而会直接影响人际关系。

职场沟通

> 萧伯纳曾说："职场沟通中最大的问题在于，职场中的人们想当然地认为已经沟通过了。"

其实，99% 的职场问题，都可以通过沟通来解决，可惜大多数沟通是无效的、负面的。比如无法共情、没有同理心、夸夸其谈、有罪推论、无端挑刺、自我感觉良好过头、有意无意地贬低、恶意满满地指责、毫无根据地臆测、冷漠以对、恐吓威胁……

沟通是每一位职场人应该重新梳理的能力模型，它直接影响着工作效率、同事关系、升职加薪。擅长沟通的职场人往往更受同事和领导欢迎，常被夸赞情商高、有共情能力。而那些不擅长沟通的职场人往往容易被职场所淘汰。

一、职场沟通的重要性

1. 大多误会都是无效沟通导致的。

有的无效沟通不仅不能解决问题，反而会产生出更多误会。比如有些员工喜欢拖延呈交工作报告，这时候有的上级就会批评说：

"每次都是你最晚提交，就不能早点吗？"员工心里听了不舒服，心想："我哪有每次都最晚交？"

在职场沟通的过程中，如果说话的方式不恰当，难免会与上级、同事产生分歧，甚至产生冲突，造成无法挽回的结果。有句话说得一针见血："两个人交流时，其实是六个人在交流：你以为的你，你以为的他，真正的你；他以为的他，他以为的你，真正的他。"

为什么会沟通不畅？很多时候其实你是在和"你以为的他"交流，并没有理解对方的真正意思。沟通双方之间隐藏了一个大大的"黑箱"，我们总以为自己理解的事，对方就理所当然能理解，于是忽略了中间这个黑箱。所谓"沟通黑箱心理效应"，是指当沟通的个体在无法获得事物全局信息或获得较少信息的情况下，更偏向于往坏的方面去想。在职场中，这种情况特别常见。比如：老板让你去办公室一趟。大部分人这时候的内心是怎样想的呢？"是不是我做错了啥？"而很少会去往诸如升职加薪这种好的方面想。所以，不得不承认，职场中大多数误会都是无效沟通导致的，认识到这一点，将有利于我们更客观地来审视自己日常的沟通方式。而现实中的很多管理者却能分分钟"把天聊死"，因此常被贴上低情商的标签。

2. 不善沟通早晚吃大亏。

可以说，没有沟通就没有人与人之间的关系，社会和生活也无法正常运行。如果有职场必备能力排行榜，沟通能力一定是排在榜单第一位的，把它放在工作能力前面也不为过。

不善沟通早晚吃大亏，一不小心就得罪了人。错误的沟通方式，更容易导致误会和矛盾升级。有的人可能会觉得："既然我不擅长沟通，那我就尽量选择不太需要沟通或者交流的工作。"这种想法往往不现实，在职场中，无论哪个行业和岗位，都是避免不了沟通这个环节的。无论是面对下属、同事、上级，还是投资者、合伙人，没有沟通这个环节，很多事情根本进行不下去。

3. 高情商的人，说话如沐春风。

面对同一件事情，高情商的人与低情商的人在处理上的区别，就在于如何去有效沟通并解决问题，从而达成沟通目的。高情商的人，能在处理事情的过程中态度不卑不亢，以解决问题为导向，而不是让情绪随意发泄；而低情商的人，在处理问题时，随意发泄自己的情绪，达不成解决问题的目的。

美国著名人际关系大师卡耐基曾说："如果你是对的，就要试着温和地、有技巧地让对方同意你；如果你错了，就要迅速而热诚地承认，这要比为自己争辩有效和有趣得多。"

曾经发生在机场的两个故事，很有意思。两个人同样是碰到飞机延误的情况，却采用了不同的沟通方式，结果完全不一样。

第一个故事是一位女孩，在发现飞机延误后，积极地和航空公司沟通退票、改签事宜，有理有据，把诉求讲得明明白白。她先是列举了相关法律法规：按照民航的法律规定，延迟飞行所产生的经济补偿应该执行，由于航空公司一方所导致的航班延误和取消，乘客有权利免费退改签。然后再指出航空公司不合理的地方，最后提出相关诉求：解决食宿、经济赔偿、协助乘客们免费退改签、安排补班飞机。几番沟通下来，简直就是"教科书式维权"，既没有像别的乘客那样扯着嗓门大吼大叫，也没有忍气吞声却在心里抱怨，她不卑不亢，有条不紊，让人如沐春风。

第二个故事是一位男生同样遭遇飞机延误，不擅沟通的他只顾自己宣泄情绪，一直对航空公司人员大吼大叫："我要飞，我必须要飞。"网友的调侃段子让人忍俊不禁："给他一个风筝，让他飞吧。"

同一件事，两个人沟通和处理的方式不一样，结果必会截然不同。会说话的人知道用合理的方式表达诉求，自然能取得最佳的沟通效果，而不是将自己的情绪需求放在第一位，因为发泄情绪根本无法达成解决问题的目的。

二、职场沟通的有效性

西方有句谚语："世界上有两件最难的事：一是把别人的钱装进自己的口袋；二是把自己的思想装进别人的脑袋。"这说明有效沟通、达成共识是一件难度很大的事情。有人的地方就有社会。要想在职场中有长远的发展，处理人际关系至关重要，而处理人际关系的过程就是沟通的过程。学会沟通是人生的一场修行，值得我们终身学习。那究竟要怎么做才能提升沟通能力，实现有效沟通呢？可以从以下几个方面来加强。

1. 真诚最重要。

真诚是有效沟通的大前提，在不同领域都发展得不错的杨天真认为，真诚是沟通中最重要的，没有之一。从金牌经纪人到PLUSMALL大码女装品牌主理人，从《奇葩说》中秒杀全场的老板，再到短视频作品和直播中的感性主播，杨天真在她的畅销书《把自己当回事儿》里揭开了成功跨界的秘密：真诚沟通。

随着人生境界越来越开阔，人反而变得越来越真诚。随着职业进阶，遇到的人越来越成熟，工作状态越来越成熟，情绪也越来越成熟，同时也越来越洞悉人性。如果你是一个爱耍小聪明的人，就会遇见晋级的屏障，并非卡在能力上，而是卡在人性上。真诚，是人性最为宝贵的品质；真诚，是人性最为善良的本质；真诚，是人与人之间无障碍交流的桥梁。因此，真诚沟通才能提高沟通的有效性，从而获得职场上的成功。

2. 换位思考。

在职场里，常常出现这样几种现象：运营官无法理解为什么产品设计师把需求否定了；产品设计师不能理解为什么研发工程师实现的功能跟他想要的总是不一样；设计师不明白文案人员究竟要什么样的风格；执行人员无法理解客户为啥总是不满意……其实都是没有站在对方的角度去考虑问题所导致的。

在沟通时，人们通常会习惯性地使用常用词，而不管对方是否能听懂，是否能完全理解。这就会导致沟通信息在传达过程中扭曲，主观性曲解意思进而造成误会，也就是所谓的信息不对称。若在这种情况下还进一步"强制"对方理解和接受，试图"说服"对方让其认可观点，只会"把天聊死"。沟通的本质其实就是换位思考，毕竟没有人喜欢被说服、被改变。被说服了，等于被打败了！每个人脑中既有的看法、想法，已然存在的观念或立场，其实都是他过去生活经验当中的偏好与选择的结果。按鬼谷子的话说，只有"同声相呼"，才能"实理同归"。交流的时候，抛弃"自以为是"的想法，放弃"我认为"的思维模式，多从他人的角度去思考问题，与人交流时多替他人着想，很多问题都能迎刃而解。

3. 尽量缩短沟通路径。

沟通路径越短的人，越容易达成目的。什么是沟通路径？人们在沟通的时候，是带着目的的，我们把从沟通原点至沟通目的地所花费的时间、步骤、过程等统一叫作沟通路径。

沟通路径不是单向的，而是双向的。它的完整循环是：发出信息——信息传递媒介（微信、电话、见面）——接收信息——理解信息——反馈（发出）信息。人们在经过多次的沟通循环之后，完成了沟通。沟通路径并不是固定的，同一个目标，不同人所花费的时间、步骤不一样。

第一种人 A

A："在吗？"

B："在，请问有什么事吗？"

A："想邀请贵公司参加我们的一个沙龙。"

B："你们是哪家公司呢？"

A："爱思达公司。"

B："嗯，沙龙是什么主题内容？"

A："本次沙龙是行业高端新潮产品分享主题。"

B："哦，好的。"

A："想问一下，你有没有时间呢？"

B："可以，请问沙龙的时间是？"

A："21 号下午 3 点到 5 点。"

B："地址是哪里？"

A："爱尔思大街 2078 号。"

第二种人 C

C："您好，我是爱思达公司的市场部门负责人，请问您有时间参加我们的'行业高端新潮产品分享'主题沙龙会吗？沙龙的时间是 21 号下午 3 点到 5 点，地点是爱尔思大街 2078 号，如果时间合适且您有意向参与，稍后我会给您发送一份详细的邀约信息。谢谢！"

B："时间合适，具体邀约信息你发给我吧。"

为了邀约参与沙龙，第一种人花了好几个来回才传达完想表达的信息，而第二种人，只花了一个来回就高效率完成。很明显，第二种人的沟通路径短于第一种人。缩短沟通路径不仅会提高沟通效率，也避免了拉长沟通路径可能带来的误会和摩擦。选择最短的沟通路径，才能在工作中做到专业化和高效率。

4.用客观事实代替评论。

沟通是一门艺术，会受到时间、场合，以及双方性格、沟通能力、信任度等因素影响。用事实代替观点很重要，正确的做法就是客观说事情的情况，而不要去做主观的评价。"事实"是有效沟通的基础，它能使沟通双方保持冷静，不绕圈子不发泄无谓的情绪，进而清晰地说明问题。"主观评价"是我们对事实进行人为的解读，这些解读建立在个人的经验和知识上，所以不够客观。想要高效沟通，就要尽量用客观事实代替评论，少去做主观的评价。比如当有员工上班迟到了半个小时，有的管理者就会用责怪的口气质问："你怎么又迟到了？你怎么经常迟到？一点时间观念都没有。"员工听完后反而觉得冤枉，心里连声叫苦："我哪里经常迟到了？"其实每个人对于"经常"这个词的理解是不一样的，有人认为一个星期迟到一两次就算"经常"，而有的人认为一个星期迟到三四次才算"经常"。

正确的沟通方式应该是，告诉员工，"你今天迟到了半个小时，前天也迟到了，后面要树立时间观念，别再迟到了！"以此类推，如果以这种客观陈述的方式来沟通，相信员工是可以接受的，因为你说的是事实。好好说话，真诚相待，温和坚定，学会换位思考，尽量缩短沟通路径，用客观事实代替评论，这是我们与周围人和这个世界良好相处的能力。

我相信，沟通能力是通过不断地学习、感悟、调整而提升起来的，没有人是天生的沟通高手。希望所有的管理者在成为管理高手之时，选择精进之路，少走弯路。

三、职场沟通的原则性

原则，是解决问题的根本，也是解决问题的标准。在职场沟通中，我们遵循既定的原则来开展交流，才会让职场同事之间的沟通顺畅，达成效果和目的。我们一起来学习职场沟通的七项原则：

1. 双赢原则。

先给大家讲个故事吧。

家里只有一个橙子，姐姐和弟弟都想要。于是姐姐说我们平分吧，弟弟说好的，但是必须由姐姐来切，而由弟弟先挑选。于是姐姐小心翼翼地将橙子切为两半，为了保持公平性，姐姐将两半橙子切得一模一样。弟弟左看看右看看，发现两半橙子都差不多，于是就随便挑了一块，吃了橙子肉而丢了皮；姐姐拿起了另外一半橙子，丢了橙子肉而把皮捣碎后敷在脸上美容。

故事讲完了，问问大家，姐弟两人的"分橙子"是双赢吗？表面上来看，好像是双赢了，但是其实并没有达到双赢的目的，问题就在于事前姐弟俩没有进行充分的需求沟通。如果在"分橙子"之前，姐弟双方各自表达了自己的需求——姐姐要皮，而弟弟要肉，那么直接剥开橙子，各取所需即可，直接达成双赢。由此可见，要想达到真正意义上的双赢，提前沟通并明确彼此的需求真的很重要！否则，我们得到的所谓"双赢"只是虚名而已。

2. 解除戒备心原则。

人与人处在陌生状态时，彼此是互相戒备的。比如，我们在乘坐公交车或者地铁时，男士会习惯性地把手捂在口袋上，女士会习惯性地把挂在手臂上的包包夹得紧紧的，这种表现说明我们处在陌生环境中，与陌生人相处时，是会变得非常警惕的。同事之间沟通也是同样道理，如果彼此不熟悉，要想沟通达到预期的效果，通常是先解除相互之间的戒备心理。比如改变沟通的环境，把沟通的地方由办公室改为茶水间或者咖啡厅、餐厅；再比如说双方先不谈具体的事宜，而是一起参与一个互动活动，相互熟悉一下，放松心情，等彼此之间产生信任后再开始沟通，这样一来沟通的效果会更佳。

3. 策略性沟通原则。

不同的人有不同的沟通爱好，男人与男人之间可能用烟和酒就可以搭起沟通的桥梁；女人与女人之间聊聊自己的孩子，如果孩子上了同一个兴趣班也可能让两个女人成为好朋友；老人与老人之间如果有共同的兴趣爱好，如下棋、种花或者广场舞，一下子就拉近了距离；而孩子与孩子之间交流起来可能就更简单了，玩一堆泥巴，打一场枪战，就让两个孩子成为好兄弟了。因为不同类型人的特性不同，所以我们可以采取策略性的沟通，从沟通目的出发，投其所好，用对方喜欢的方法进行交流，一定会达成预期的沟通效果。

4. 沟通乐趣化原则。

双方在沟通时，保持好健康的心态，用乐趣化的沟通方法进行交流，氛围一定非常愉悦。因此，作为组织的管理者，要想达到职场沟通的目的，不能总是绷着一张脸和下属谈话，使沟通的气氛显得十分紧张；作为下属，看到上级的态度后，自然会惧怕上级而导致沟通困难，话语表达上难免会受到影响，从而影响沟通的效果。

相反，管理者在针对一些特定的沟通内容时，如果能够在较为轻松的环境下，运用风趣的语言、诙谐的语调，在有趣的氛围下开展交流，可以起到事半功倍的效果。当然，这里谈到的特定沟通内容，是有一定范围的，而不是指全部，管理者要根据实际情况进行合适的掌控和安排。

5. 重视对方意见原则。

职场中，下属向上级反馈工作中的事件或者问题，被上级重视甚至被上级表扬时，一定会倍感鼓舞。马斯洛的需求层次理论（如图5-3）已经告诉我们，一个人来到一个组织中最终是要追求并实现自我价值的。当管理者重视并肯定下属的意见时，其实就是对下属最好的激励。

如何体现管理者重视下属的意见呢？首先，管理者可以记录下属的意见表示关注和重视，下属看到上级记录，会更加自信地表现自己；其次，管理者在记录下属意见的时候，可适时提问或者确认下属话语中的信息，特别是关注一下事件中的细节，便于以后处理问题时更加客观；再次，还可以偶尔点点头，表示自己是认可下属的意见和建议的；最后，上级让下属坐下来慢慢说，并给下属倒一杯水，坐在下属的侧边（而不是对面），注意并聆听下属的表达，这些行为都能体现出管理者重视下属的意见，这样一定会达成最佳的沟通效果并同步激励下属。

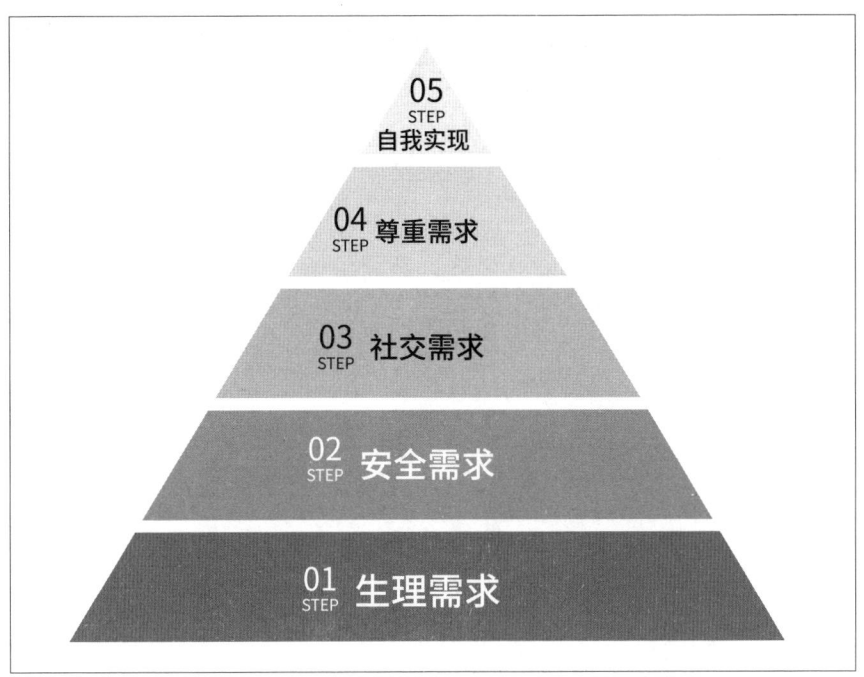

图 5-3　马斯洛的需求层次理论示意图

6. 创新与突破原则。

"马上成功"这四个字告诉我们成功的最佳方式是：人要想和马跑得一样快，最好的办法就是骑在马背上和马一起到达终点。所以，成功一定是有方法的，那就是我们一定要向成功的人学习。让成功的人成为我们的老师，就会让我们找到成功的捷径，职场沟通也是同样的道理。

俗话说："出乎意料而又合乎情理。"这句话告诉我们所有的管理者要针对不同的沟通对象采取不同的沟通方式，同时管理者的表达既要有所创新和突破，又要在情理之中，让对方有耳目一新的感觉，而不总是陈词滥调。我们还要学会不断更新和升级自己的沟通方式，以适应时代的不断发展和职场人的不断更新，这样才可以让自己的沟通永远处在高效的巅峰。

7. 职场沟通禁忌原则。

（1）六不谈

① 不谈非议党、国家、民族、政府、单位等话题；

② 不谈涉及国家、单位秘密等话题；

③ 不谈非议交往对象的话题；

④ 不在背后谈论领导、同行、同事等话题；

⑤ 不谈格调不高的话题；

⑥ 不谈私人话题。

（2）五不问

① 不问收入——因为收入代表一个人的能力；

② 不问年龄——男士的年龄最好也别问；

③ 不问婚姻——当今社会大龄未婚青年和丁克一族都存在；

④ 不问健康——健康是一个人的隐私，不可随便打听；

⑤ 不问个人经历——不是每个人都愿意自己的成长过程被他人知道。

管理沟通

> 管理沟通解决的是现实管理活动中组织与组织之间、人与组织之间、人与人之间产生的沟通问题。沟通者为了某一目的，运用一定的策略和手段，将某一信息（或意思）传递给客体或对象，以期取得相应的反应或反馈的整个过程就称为管理沟通。

什么是管理沟通？管理沟通是指社会组织及其管理者为了实现组织目标，在履行管理职责、实现管理职能过程中有计划的、规范性的职务沟通活动和过程。换言之，管理沟通是管理者履行管理职责，实现管理职能的基本活动方式，它以组织目标为主导，以管理职责、管理职能为基础，以计划性、规范性、职务活动性为基本特征。

管理沟通解决的是现实管理活动中组织与组织之间、人与组织之间、人与人之间产生的沟通问题。沟通者为了某一目的，运用一定的策略和手段，将某一信息（或意思）传递给客体或对象，以期取得相应的反应或反馈的整个过程就称为管理沟通。

第一，管理活动中的沟通，也必然是一种类型或形式独特的沟通。这种类型的沟通是管理者在履行管理职责的过程中，为了有效地实现管理职能而进行的一种职务沟通活动。因此，管理沟通不仅与管理有联系，其实它本身就是管理的内容。

第二，从管理沟通的内容来说，作为管理活动之内容的沟通有别于任何随意的、私人的、无计划的、非规范的沟通。尽管管理沟通也可能是信息、思想、观点、感情、意见等任何内容的交流，但这些交流却与组织目标、任务和要求等密切相关。管理沟通的任何内容的实施和展开都是受组织目标导引的一种有计划的、自觉的、规范性的活动。

第三，就管理沟通的形式来看，管理沟通非但会表现为诸如人际沟通、组织沟通抑或正式沟通、非正式沟通等，更应该包括现代组织信息活动与交流的一般管理要求和现代管理方式在内。这意味着管理沟通不仅是一种活动，同时也是一种制度。具体说来，就是组织结构的选择和组织制度的建设要成为有效沟通和有利于组织特定管理沟通要求的模式。

另外，就其必要性来说，毫无疑问，管理沟通是管理活动的本质要求。一般地讲，管理就是组织大家共同完成某个任务，实现某种目标的活动过程。这个过程以持续的、复杂的、大量的沟通活动为基础。据统计，沟通占据了管理者的大部分时间和精力。所以，管理沟通是管理者的基本职责之一，是管理行为的基本构成要素。

不仅如此，管理沟通作为一种新兴的现代管理理念，在当代文化管理、软管理以及学习型组织、团队合作、忠诚、共赢、共同成长和复杂系统建构与运作等一系列新兴的管理理论与理念的支撑下，已经凸显为整个管理的核心内容。这应该引起我们的高度重视和深入思考。

　　沟通是管理者在实施管理中的一个重要过程：在我们成为管理者之前，可以向别人倾诉；成为管理者之后，就必须倾听别人倾诉；成为管理者之前，可以少与或者不与没有共同语言的人沟通；但是，成为管理者之后，不论是否喜欢，我们都必须与团队中的每一位成员进行沟通，同时还要主动去沟通困难的问题。这就是管理者在工作中要把管理沟通环境做好、做实、做到位的原因。俗话说："凡事在于沟通。"这句话告诉我们，在管理过程中，只要管理者有耐心、有恒心，想办法，运用沟通的方式和技巧将工作交流和安排好，凡事都能够得到圆满的解决。

一、管理沟通的技巧

　　职场上，会说话是很重要的能力之一。作为一个高素质的管理者，应该具备应变能力，在沟通中更需要这种能力。以下这些管理沟通的技巧，一定要知道：

　　1.改变沟通的心态。

　　在职场中人与人沟通时，表现出与对方感同身受的气氛和同理心很重要。可以先以体谅的心情说："我理解你的心情，要是我，我也会这样。"这样，就会使对方感到你对他的感情是尊重的，才能形成一种同情和信任的气氛，从而使你接下来的沟通更有效果。

管理者在开展沟通时，要有一颗包容心。对于被沟通对象来说，沟通者获取自己想要的沟通内容和信息即可，不必强求被沟通者与沟通者完全处在同一平台上对话。当然，能处在同一个平台上开展对话，是可以达成最佳沟通效果的。但是在实际的职场环境中，因为每个人受教育的程度、原生家庭环境、工作经验等因素的影响，会让沟通者与被沟通者之间产生沟通的障碍，而导致沟通信息的传递不能完全准确，这也是一种常态。因此，沟通者要站在被沟通者的角度考虑，不必强求，只要能获取自己所需要的内容和信息即可。中国有句古语："水至清则无鱼，人至察则无徒。"说的就是拥有一颗包容他人的心是职场沟通的硬道理。

在开展沟通时，有一颗同理心也是同样重要的。沟通时多站在对方的角度来考虑问题，会让沟通更加畅顺。要知道我们是在沟通和交流，而不是在搞辩论赛，没有必要把自己的意见和想法强加于他人，让他人一定要接受你的意见。另外，要会欣赏沟通对象，要设身处地地站在对方的角度来考虑问题，适当地去赞美沟通对象是有助于达成有效的沟通结果的。莎士比亚曾经说过："赞美的前提是审美。"这就告诉我们只有懂得欣赏他人、发现他人的优势和长处，才能获得彼此的认可。要知道一个人的看法决定了他的行为，具备了同理心会在我们的沟通之中产生关爱，在我们的行为之中产生关怀。

2. 做合格的倾听者。

在管理沟通的过程中，管理者需要明确的关键点是：说给自己听还是说给对方听？答案显而易见，当然是说给对方听。既然是说给对方听，那采用对方喜欢的方式进行交流才是正确的。可是事实上，在管理过程中管理者通常是站在本位角度来思考问题，用自己喜欢的方式和语言来与下属进行沟通和交流，而下属的理解能力与上级有偏差，所以就造成了"鸡同鸭讲"互相不理解、互相指责和批评等现象频频发生。

　　无论我们身处何时何地，会倾听的人才能赢得同事更多的好感，结识更多合作伙伴。在职场上，每个人对待工作和业务都有不同的理解和处理方式，而本着团结合作的宗旨，身在职场一定要善于倾听他人的意见和建议，不能脱离团体，独断独行。一个听不进别人讲话的人，很容易在职场中得罪人，导致寸步难行。

　　听的类型有很多种，其中包括假装听，对方好像是在听你讲话，可是实际上只是注视着你，耳朵并没有在接收信息，这其实是不用心听的一种表现。还有的人，对于沟通者的信息是有选择性地听，对自己感兴趣的信息或者内容，就会认真听并且接收信息，而对于自己不感兴趣的信息或者内容，就会如同没有听到一样，拒绝接收。当然，我们认为最有效的听的方法是："倾听"。倾听，包括了两个动作，一个动作是"倾"，表示身体略微向前倾斜，表现出一种认真和投入的状态，而"听"是另一个动作，组合在一起，我们仿佛看到一幅画面："一个人身体略微向前倾斜，认真而又投入地听对方在表达自己的感受和内心世界。"这幅画面让组织中的管理者一下就明白了"听"的最高境界是：用同理心去听、设身处地地听、全身心地听。在职场沟通中，如果我们是这样运用"听"的，相信沟通的效果是非常棒的！

在倾听的时候，有一些小小的技巧可以留意并且运用起来：比如认真地看着对方以表示自己在认真倾听，但是在看的时候不要紧盯着对方的眼睛，而是看着对方的眉心部分，这样做更合适一些；还可以适时提问，表现出自己对沟通信息需要了解得更为详细一些；不要轻易打断对方说话，让对方可以在畅谈的状态下，表达自己的情感和诉求，当对方讲完一个主题或者一个阶段的内容后，再提问或者回应自己的意见；还有，在沟通时不要轻易转换话题，要就着沟通的主题内容开展，便于高效达成沟通目的；沟通时融入当时的情与景，并将沟通者的感情投入进去会取得很好的沟通效果；最后还要注意沟通不是单向的信息传递，而是双方之间的交流行为，所以要有反馈。

为了有效地倾听，我们汇总了一些小技巧、小方法，供大家参考：

（1）集中精力；

（2）适时提问；

（3）停止说话；

（4）不批评他；

（5）不打断他；

（6）记录话语；

（7）表示认可；

（8）轻松愉悦。

3. 学会正确发问。

管理高手在沟通过程中要懂得正确发问。发问的目的是对沟通对象的需求有清楚、完整的了解。管理者的级别越高，发问的能力越强。越是下属不想说的地方，管理者越是要问，越是不愿意详细讲的方面，管理者越要刨根问底。由此可见，一个出色的管理人员能从复杂多变的信息中找到最敏感的地方。

管理者在与下属进行管理沟通时，可以先问他们：你认为这件事情应该怎么办？可以让下属本人想出两三个可能的解决方案，并说明每个方案的优缺点，最后采用哪个方案，决定权留给员工。如果一定要告诉员工答案，管理者也要告诉员工为什么这样做，背后的道理是什么，这样可以帮助员工进步，让他们学会思考。

正确发问，可以分为"引"和"导"两个维度。"引"是指管理者用开放式的问题来收集信息，"导"是指管理者用限制式问题来控制交流的方向，确保在正确的主题上，不跑偏。管理者进行有效的提问可以收集所需要的信息，并对情况有清晰的概念，还可以了解需求背后的需求，即真正的需求。

请看图 5-4：

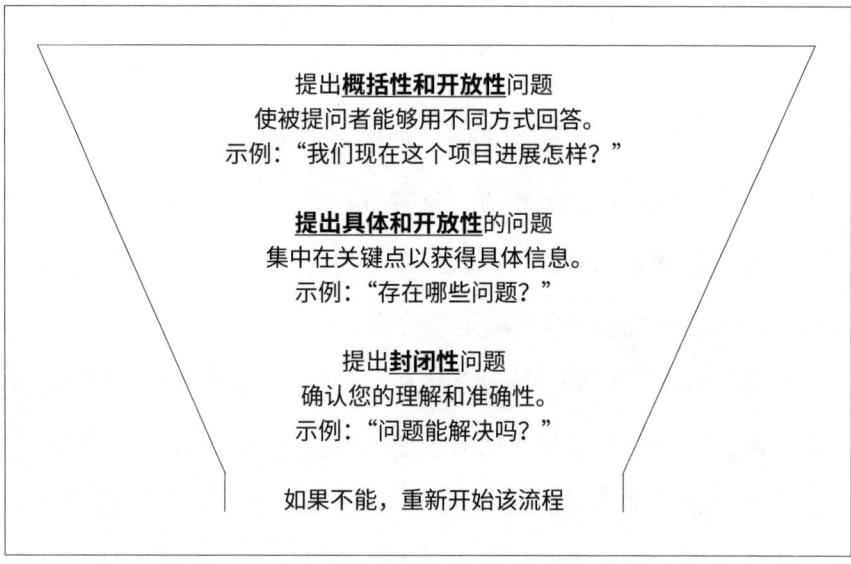

提出**概括性和开放性**问题
使被提问者能够用不同方式回答。
示例："我们现在这个项目进展怎样？"

提出**具体和开放性**的问题
集中在关键点以获得具体信息。
示例："存在哪些问题？"

提出**封闭性**问题
确认您的理解和准确性。
示例："问题能解决吗？"

如果不能，重新开始该流程

图 5-4 有效提问方式示意图

4. 控制抵触情绪。

很多人在听到和自己观点不同的意见时，本能的反应就是抵抗。而在这种情绪的带动下，就很难清醒地分析对方的观点，听不进去对方说的任何话语。这个表现往往发生在讨论会议中，或者听到别人的批评意见时。不会与人沟通的人，通常的表现是，别人刚说完自己的观点，他就跳起来反驳。这样会给人非常不好的观感，让上级和同事们感觉他容易冲动，不理智，无法进行理性沟通，因此也会对他的工作成果产生不好的认知。

"沟通冲动"是一种非常不好的行为表现，所以在职场中我们一定要控制好个人情绪，"说话一定要打草稿"，不可信口雌黄，开口前在大脑当中先梳理自己要讲的话，想清楚哪些话是适合说的，哪些话是会伤害他人，或者给自己造成不良后果的，切忌脱口而出。中国有句俗话："说出去的话就像泼出去的水，想收也收不回来了。"

5. 铭记沟通的目标。

在管理沟通中，双方进行谈话的目的不外乎有以下几点：劝告对方改正某种缺点；向对方请教某个问题；要求对方完成某项任务；了解对方对工作的意见；等等。在沟通谈话的过程中，应该时刻留意自己的目标不动摇、不改变，防止在谈话过程中偏离话题，否则效率就会降低，且无法完成任务。我们发现有的人为了解除沟通对象的戒备心理，一开始就漫天闲扯，扯了很长时间也没有回到正题中来；还有的人喜欢在交流时，一会儿谈这件事情，一会儿又谈另外一件事情，让沟通对象半天摸不着头脑，不知道要聊什么主题，慢慢地也就失去了沟通的兴趣和信心。

职场中沟通的学问说大也不大，说小也不小，主要体现在细微之处，大家一定要重视职场沟通的一些小技巧，防止出现"祸从口出"的情况，更要确保每一次沟通的目标准确，提高沟通效率。

二、与上级、平级和下级的沟通技巧

企业中追求的是效率，要将复杂问题简单化。职场中沟通的原则是越简单越好。管理者在与上级沟通时需要注意的要点是：做好沟通的准备，给上级做选择题，不做问答题；主动地进行沟通，自信、不躲闪、克服恐惧；选择适当的时机与上级沟通，不合时机的沟通，达不成理想的效果；汇报工作要抓住重点，语法精练，同时要公正客观、有根有据。管理者在与同级沟通时需要注意的要点是：掌握说话的分寸，尊重对方、谨言慎行、不了解不乱讲；不要背后打小报告，有问题当面直说，不要背后乱讲。管理者在与下属沟通时需要注意的要点是：对事不对人，在批评他人和表扬他人时都要如此；批评时不忘赞扬与肯定；不翻旧账，注意谈话的措辞和语气。

1. 与上级沟通的要点。

向上管理是一门科学，更是一门艺术。上级是自己最为重要的"客户"，如果你连自己的上级都不能管理好，那我们就有理由怀疑你管理其他客户的能力了。

在职场中，很多人在与上级的沟通中存在着胆怯的心态，甚至很多人看到上级迎面走过来就想办法远远地避开，害怕或者不愿与上级沟通。要知道如果一名职场人在与上级的沟通和交流时采取这样的方式，只会降低自己在组织中的价值。

为了帮助大家更好地与上级开展沟通工作，在这里给出一些建议：

第一，在开始沟通前要做好准备，想好自己要与上级沟通交流的主题、内容、顺序和时间等，准备好相关的文件和资料，在汇报工作方案给上级时，要结合工作的实际情况，提出解决问题的几条建议和方案，给上级做选择题，而不做问答题。

第二，与上级沟通时要主动，要让上级了解自己的优势和特长，让上级对自己的工作能力建立认可度，清楚对自己的期望值。这些必须是要靠自己的主动表达和表现才能让上级看到，并留下深刻印象的。这样，当组织出现需要时，你就很容易被上级想到并被赋予重任，所以在上级面前我们一定要表现出自信，不躲闪，要克服恐惧。

第三，选择适合的时机进行沟通和交流很重要。如果你的上级经常出差，他就没有时间和你面对面地交流，所以希望你能打电话或者发邮件进行工作汇报；如果你的上级在工作时间里总是很忙，你可以在食堂吃饭时与他交流一下；如果你的上级有晚上工作的习惯，你就不要着急让他在白天回复你的邮件和信息；如果你的上级要运动，你不妨周末约他一起去徒步或者登山，同时汇报自己的工作成果和后期的工作计划等。在汇报工作时要抓住重点、简短精练，并且公正客观、有根有据，这样会给上级留下工作能力强、做事又干练的好印象。

还有一个关键点，概括起来八个字："**如实简单，提供建议**"。这句话看起来很简朴，但是透露出了职场成功的法则，"如实"是一个人高尚人品的体现，"简单"是一个人综合能力的体现，要会在错综复杂的环境中进行提炼。"提供建议"是告诉所有职场人："提出问题的人就是解决问题的人"，作为一名优秀的职场人不但要善于发现工作中的问题，更要在发现问题后，提出解决的方法和意见，而不是把问题推给上级去解决，这是不负责任的态度。当然，对于管理者来说，不要总坐在办公室里靠拍脑袋来进行决策。华为创始人任正非有句名言："让听得见炮火的人做决策。"就是告诫我们所有管理者要多听一线人员的意见，多让市场人员来做决策，管理者负责做好支持和保障工作。

此外，还有一些建议提供给大家：

（1）永远不要低估上级——上级自有成为上级的理由；

（2）仔细"阅读"上级——了解上级的个性、习惯、喜好和工作模式，有利于更好开展工作；

（3）上级也是平凡人——上级是我们赖以发挥才干的第一人；

（4）永远不要让上级感到意外——及时报告与反馈，不要越级报告；

（5）让上级明白可以对自己期待什么——"我可以做到什么"；

（6）千万不要把问题推给上级去解决——"自己养自己的猴子"；

（7）上级是我们非常重要的"客户"——了解"客户"的需要，提供"客户"需要的结果。

2. 与同级沟通的方法。

职场中同事之间的关系一定要处理好，特别是同级同事。同级之间首先是合作伙伴，彼此要主动构建和谐的双赢关系，紧密团结共同努力去实现组织既定的目标；其次还是支助者的关系，要帮助并支持同级同事在工作中取得成功。要知道"人"字的结构，本来就是相互支撑的意思，同事之间更应该共同支持，互"顶"互助才能彼此成就。另外，同事之间要互为聆听者，了解同级同事的业务情况和开展方法，在时间允许的情况下多想办法配合和支持。因此，同级同事之间要注意两个沟通技巧：

（1）掌握说话的分寸——尊重对方、谨言慎行、不了解不乱讲；

（2）不要背后打小报告——当面直说，不要背后乱讲。

同级同事之间的沟通，给读者们一个忠告：职场中千万不要试图有"靠打小报告取胜"的心态！永远要记住："来说是非者，必是是非人。"

3. 与下属沟通的注意事项。

下属是帮助我们落实工作内容并取得工作成绩的核心人员，是管理者的重要工作伙伴。有些管理者不重视与下属的关系处理，甚至把下属当作自己的佣人一样看待，无论是在语言还是在行为上，都表现得对下属不够礼貌和尊重，甚至有的还会让下属反感，这些都是非常不可取的行为。在与下属的沟通上也要注意方式、方法和技巧，一个会处理与下属沟通关系的上级，一定是一位高情商的领导人，值得让下属全心全意去跟随。

首先在沟通时要注意对事不对人，下属在工作中无论是取得了好的成绩还是工作效果不理想，管理者要表扬人或者批评人时都要针对具体的事情来说，做得好的是指工作中的哪些行为做得好，做得不好的又是指工作中的哪些具体行为，而不是对下属劈头盖脸地一通批评，从而伤害了员工的自尊心。建议上级在批评下属时不要忘记赞扬与忠告，比如采用"三明治"沟通法——"先表扬，后批评，再表扬"，这样会让下属比较容易接受，管理者达到了批评指正的目的，员工也乐于改正，实现双赢。管理者在与下属沟通时，特别要注意克制好自己的情绪，尤其注意不要"翻旧账"，把下属曾出过的类似问题拿出来又说一次，让下属觉得在管理者面前毫无颜面，很难堪；管理者也要注意谈话的措辞和语气，特别是对于职场中的新生代，他们的成长环境和抗压能力是与前一代或几代人不同的，所以沟通起来也要因人而异，采取不同的策略。

三、管理沟通的回应风格

沟通是人与人之间、人与群体之间思想与感情的传递和反馈的过程，以求达成思想一致和感情通畅。管理者在沟通的同时要注意及时、准确地回应沟通对象，并达成一致意见。沟通是一种能力，是需要管理者进行培养、学习和经营的，沟通也是一种影响力，可以促进管理者提升领导力。

管理者还要注意沟通的回应方式，不同的回应方式会造成不同的沟通效果，回应是指及时、准确地与沟通对象达成一致意见。管理者必须了解的四种沟通的回应方式：

第一，批判型。批判型回应是质疑他人所说的话和对事情的看法，表达出的批评或判断常令他人感到是一种奚落，无论这种判断是赞成还是反对。

批判型回应的产生原因分析：时间的压力和优先级的冲突，彼此间的价值观和想法不同而产生偏见，使我们变得不客观，容易骤然做出主观或单向思考的错误结论。批判型回应被认为是一种威胁，使得对方感到被排斥和被归类，情绪化程度升高，不再做任何回应。批判型回应是谈话的终结，也是人际的障碍，会令对方觉得被拒绝或被压抑，令对方退缩或封闭自己，令对方没有机会将想表达的情绪或感受表达出来。

第二，**建议型**。建议型回应就是告诉对方什么该做什么不该做，当对方说话时如果我们忙于思索解决的方法，就无法完全听到他们所说的话。有时我们给建议是出于自身对地位、威望、权力等的需求。

给人建议时，会剥夺对方讲完一个问题或自己找出答案的机会，对于他人必须自己解决的事，给出意见反而妨碍其成长。我们能给别人最好的帮助，就是让他们自己想出解决方法。当人们自己能计划及组织，不需要别人告知怎么做的时候，他们会更自信，更独立。虽然直接告知最为省时，简单容易，避免对方犯错，但成人学习是自己的体验与修正，建议型回应会剥夺下属学习的机会。

第三，**体恤型**。体恤型回应不带评断意味，能掌握住对方所表达的主要想法和感受，表现出肯定的态度，努力使沟通成为双向的交流。

管理者要克制想辩驳的念头，保持客观的态度和开放的心胸，不陷入批判中，专注做有用的事而不只是留意怎么做是错的，尽量不存有给他人建议的念头，避免提出解决的建议，但是可以适时地与他人分享各种信息，对他人的需求能够给予关心和注意，并显出兴趣，能鼓舞他人，鼓励对方详细表达他们的想法与感受。要像一面镜子反映出对方的感受，使得人们放开自己，不会担心被评断而可以舒坦地谈话。体恤型回应者同意他人现在和将来的感受，但并不表示必须同意别人所说的一切，并不需要同意他人将采取的行动。

第四，探索型。探索型回应是在寻求更多的信息，通过更多的事实和感受了解对方，通过更多的信息帮助找到问题症结。

探索型回应的产生原因分析：需要更多的事实和感受去了解对方，更多的信息会帮助我们找到问题的症结，甚至可以让我们帮助对方来宣泄情绪。探索型回应是要谨慎的，问太多问题时会让对方觉得像在审讯他，引起被"严加拷问"或"酷刑逼供"的感觉；还有的管理者问问题只是为了满足自己的好奇心，而不是出自关心，这样可能会干扰到下属的思绪；还有的管理者会因为忙于思索下一个问题而没有仔细聆听对方的答复。运用探索型回应的时机很重要，问太多问题会干扰对方思绪、影响对方感受、影响倾听。正确的探索是要给出别人需要的而非自己想要的，不是因为自己好奇想知道或不知答案而照着自己的习惯问，而是为对方或对事情有帮助地问，使用中立客观的开放性问题问出完整的信息与隐藏的论点。能使用好探索型回应的方式，是对管理者的一个挑战和考验。

四、讲清楚、听明白、做得来

管理沟通能力在一定程度上决定了管理者的职业生涯发展，沟通也是高层管理者的核心任务，有助于消除组织变革中的障碍，有助于组织信息的正确传递和人员与群体之间的情感互访。沟通是一个过程，而不是一个简单的行为或目标。沟通对于每一个管理者来说，如影随形，无处不在，它是管理者职业生涯中最重要的组成部分。由于要面对不同的受众，有支持的，有漠不关心的，有反对的，正确的沟通渠道因情景而异，最有效果的策略往往要依赖许多因素，因此在沟通过程中要尽量考虑可能出现的结果，并给予反馈。

　　总结一下，管理者在与人沟通时必须做到的原则是九个字："讲清楚、听明白、做得来。"讲清楚，是指管理者要清楚地表达自己的指令和要求，才能让下属在执行中可以准确按照组织原则来行事；听明白，是指管理者对沟通的内容和信息要减少漏斗的影响，让下属尽量 100% 明白；做得来，是信息传达到下属处时，他们可以执行并懂得运用正确方法来执行以便达成目的。

　　沟通是对话不是说话，沟通是先解决心情再解决事情，沟通是先建立人际再建立生意，多问、多听、准确说、恰当答，最终才能成为一名沟通高手！

第六章

领导艺术

领导艺术是指在领导的方式方法上表现出的创造性和有效性。一方面是创造性，是"真善美"在领导活动中的自由创造。"真"是把握规律，在规律中创造升华，升华到艺术境界；"善"是要符合政治理念；"美"是指领导使人愉悦、舒畅。另一方面是有效性，领导实践活动是检验领导艺术的唯一标准。

第一节

搭好班子

> 财经学者吴伯凡曾经说过："合作的本质是一个有共同利益的生命共同体，它是某种程度的生命体；每一个合作的一方都是这个超级生命体的器官；共同的利益生命体的各个器官之间是一种可持续的合作的关系，每个器官的生长和程序是有赖于其他器官的生长和程序的。"

管理高手主要不是依靠自己来干具体的事情，而是团结大家合作干事情，是推动他人一起干事情，是将自己的想法通过他人去实现。所以，管理高手要学会搭班子和带团队。

1. 如何搭好班子？

首先是知人善任。只要把人选准并理顺了，一切事情都好办。把人选准，关键是抓住两头：一头是选贤任能；一头是提防小人。其次，在搭班子过程中，不仅要善于发现和发挥每个人的长处，而且要正确对待他人的短处。分工时，注意扬长补短，既要发扬和发展各人的长处，又要利用分工弥补他们的缺点和不足；在失误时，要注意扬长避短。只有充分发挥一个人的特长和优势，才可能使他成为一个卓越的人。作为管理者对成长中的年轻人要多一点偏爱，多一点"袒护"，多做一些补台的事情，使他们逐渐成熟起来、强大起来。

2. 如何带好团队？

带好团队的前提，请务必搞好队伍团结。团结是最为重要的成功之道，团结的基础是共识，共识的前提是沟通，沟通的关键是相互理解。因此，在团队中，管理者要注意平等相见，要学会认真倾听，要学会尊重他人，更要学会换位思考。在团队中必要的让步是非常好的措施，如果管理者只是一味地居高临下、以势压人是搞不好团结、带不好团队的。所以管理者在带团队时，请一定要以诚待人、以情感人，要摆事实、讲道理。

管理者在带团队的同时还要特别注重欣赏下属。欣赏是最高明的艺术。领导的艺术，就在于善于发现部下的优点。当领导只会自我欣赏而不会欣赏别人，认为周围的人都不行，看不到别人的优点时，说明他的进取心已经丧失。

管理者还要营造讲真话的氛围。要从自身做起，坚持实事求是的原则，营造一种"说真话、说实话、说心里话"的良好氛围。要带头讲真话，敢于听真话，引导别人说真话，以真换真，以诚换诚。

一、不同团队的状态表现

团队，是一个有共同目标、优势互补的群体，他们对共同目标、行动方法彼此承诺与负责。管理者必须清楚，不同团队的不同状态主要表现在以下三个方面（见图6-1）：

第一是虚假团队：团队成员的思想完全分散，根本不往一个方向思考问题。这种团队的存在往往会让事情向着不利的方向发展，造成根本达不成目标的后果。

第二是低效团队：有小团队，有意见的分歧，劲不往一处使，造成团队中的人力资源浪费，效率低下。这种情况在很多组织当中存在，各种小团队相互之间还产生抵触和矛盾，由此给组织造成不健康的氛围。

第三是高效团队：团队中的所有人都向一个方向努力，人心齐泰山移，为组织创造出较高的绩效。

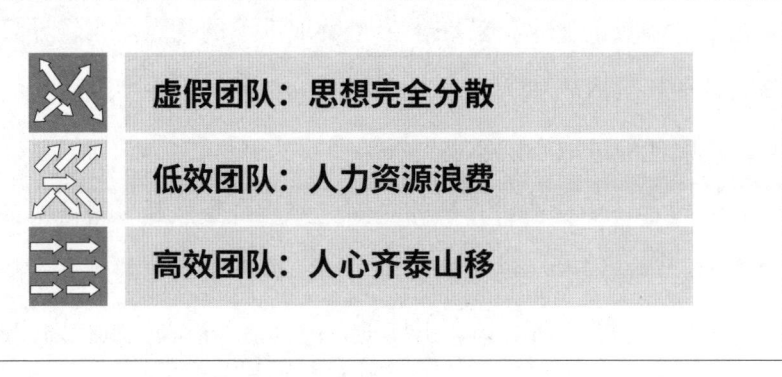

图 6-1 三种团队状态

二、影响团队协作的障碍

成功建立并管理一个团队并不是一件容易的事情，但若是掌握了正确的方法，打造一个优秀的团队也并非难事。一个团队里，如果人与人之间能互相信任，齐心协力，就能轻松达成团队目标。影响团队协作的五大障碍，主要表现在缺乏信任、惧怕冲突、欠缺投入、逃避责任和无视结果五个方面。

1. 第一大障碍：缺乏信任。

团队成员之间缺乏信任，相互戒备，这种情况在团队组建初期表现得特别明显。信任是高效、团结一致的团队的核心，没有信任，团队协作则无从谈起。

信任是指团队成员相信同事的言行是出于好意，在团队里不必过分小心或相互戒备。事实上，团队成员必须放心地接受彼此的批评。这需要团队成员敢于承认自己的弱项，而且不用担心别人会以此来攻击自己。这些弱项包括性格弱点、技术不足、人际交往的困扰、失误以及无法独立完成任务、需要别人的帮助等。要在暴露弱点的基础上建立信任是非常不容易的，因为大多数成功人士在工作和学习过程中已经习惯了相互竞争、彼此戒备。如果团队的成员做不到相互信任，代价将是巨大的。他们将不得不把大量的时间和精力浪费在管理个人行为和促进相互沟通上，他们惧怕开会，也不愿意主动向别人寻求帮助。于是，缺乏信任的团队通常士气都非常低迷，效率低下，重复劳动也非常多。

缺乏信任的团队成员具有以下表现：

隐藏自己的弱点和错误；

不愿请求别人帮助，也不愿给别人提出建设性的反馈意见；

不愿为别人提供自己职责之外的帮助；

轻易对别人的用意和观点下结论而不去仔细思考；

不愿承认和学习别人的技术和经验；

浪费时间和精力去追求自己的特定目标；

对别人抱有不满和怨恨；

惧怕开会，寻找借口，尽量减少在一起的时间；

……

充满信任的团队成员具有以下表现：

承认自己的弱点和错误；

主动寻求别人的帮助；

欢迎别人对自己所负责的领域提出问题和给予关注；

在工作可能出现问题时，相互提醒；

愿意给别人提出反馈意见和帮助；

赞赏并且学习别人的技术和经验；

把时间和精力花在解决实际问题上，而不是流于形式；

必要时向别人道歉，接受别人的道歉；

珍惜集体会议或其他可以进行团队协作的机会；

……

团队的成员之间怎样才能建立相互信任呢？这需要成员们长期同甘共苦，慢慢了解彼此的个性。不过，通过努力，一个团队可以大大缩短建立信任所需的时间，在相对较短的时间内取得相互信任。

可以参考以下这些方法：

（1）个人背景介绍。该步骤非常简单，只需大家在开会时围坐在一起，回答几个关于个人背景的问题。问题的设置不要过于敏感，通常可以包括家里有几个孩子，家乡在哪里，个人爱好，职业生涯中经历过哪些挫折等。通过回答这些普通的问题，团队成员可以拉近关系，使彼此更亲密，认识到别人同自己一样，也是拥有有趣的背景和故事的普通人。这有助于相互理解，避免团队中有人作出对别人不公平或是不妥的行为。

（2）成员工作效率讨论。这项活动比前一项活动更具有力度和针对性，难度也相对较大。这需要团队成员指出同事为团队作出的最大贡献，以及最需要改进的地方，然后大家一起就每个人所说的话进行讨论，讨论的对象通常可以从团队的管理者开始。因为这项活动看起来有些冒险，容易造成不满，所以工作效率讨论需要大家相互信任才能提出有价值的建议，即使看上去不太协调的团队也能在不太紧张的气氛中进行这项活动。

（3）个性及行为特点测试。测试团队成员的行为及个性特点是建立信任最有效的方法之一。这样做可以减少相互间的隔阂，建立相互了解和体谅的基础。可以采用市面上流行的测试工具，这类工具的目的就是根据接受测试者的思维、谈话及行为特点，提供实用、科学、有效的性格行为分析。

（4）360度意见反馈。在作者近30年的人才培养工作中，这类工具逐渐盛行，为企业团队提供了非常有效的分析结果。具体实施起来比先前提到的工具更有风险，因为需要团队成员相互给出具体的评价，提供建设性的批评意见。实施 360 度意见反馈活动的关键，是要同正式的工作表现评价或审核完全区分开来。假如这项活动同正规的绩效考核有一丝关联的话，就会产生许多矛盾和消极影响。

（5）**集体外出实践。**集体外出实践活动需要大家齐心协力、相互支持，这确实产生了不容置疑的效果。虽然这些效果不一定马上能体现出来，但只要将它作为建立团队信任的辅助方式，还是非常可行的。

为了鼓励团队成员彼此之间建立信任，团队领导人需要采取的首要行动，就是率先承认自己的不足。这要求团队领导人勇于在下属面前抛开面子，因为只有这样，他的下属们才愿意像他一样展现真实的自己。更重要的是，团队领导人必须保证大家承认弱点后不会因此而受到不利影响。即使是最团结的团队，成员之间有时也会不自觉地相互指责对方的错误，这样就会不知不觉地降低彼此的信任度。最后，团队领导人必须真诚地分析自己的弱点，不能敷衍了事。如果为了哄骗他人而假装敞开心扉、承认弱点的话，则最容易失去团队成员的信任。

2. 第二大障碍：惧怕冲突。

团队成员之间惧怕冲突，相互之间一团和气，为了不影响自己的利益，互不干涉，发现问题也不会指出，事不关己，高高挂起。良好而持久的合作关系，需要积极的冲突和争论来促使其前进，这对企业团队的协作关系更是如此。遗憾的是，冲突在很多情况下被视为禁忌，尤其是在工作中。管理者的职位越高，就越会发现同事们花很多时间和精力试图避免激烈的争论，而这种争论正是团队所必需的。

重要的是，我们要将积极的争论与消极的争吵或个人矛盾区分开。

积极的争论仅限于观点争论，不针对个人，也不存在人身攻击。进行积极争论的团队清楚，这样做的唯一目的，就是在最短的时间内找到最佳的解决方案，这样做能够彻底、快速地讨论并解决问题。争论结束后，团队成员之间不会抱有不满或者怨恨，而是马上进入下一个议题当中。

与花时间争论的团队不同的是，那些避免争论的团队事实上不得不反复提出同样的问题，但还是无法解决。他们通常让团队成员暂时把问题放一放，其实就是逃避，等到下次非解决不可的时候再重新提出来。

惧怕冲突的团队具有以下特点：

团队会议非常枯燥；

使用不正当手段在别人背后进行人身攻击；

避免讨论容易引起争论的问题，而这些问题对于团队协作成功是非常必要的；

不能正确处理团队成员之间的意见和建议；

把时间和精力浪费在表面形式上；

……

拥抱冲突的团队具有以下特点：

召开活跃、有趣的会议；

汲取所有团队成员的意见；

快速地解决实际问题；

将形式主义控制在最小限度；

把大家持不同意见的问题拿出来讨论；

……

怎样才能使一个团队愿意进行积极有益的争论呢？首先要承认争论是有益的，因为很多团队都不愿意承认这一点。在承认争论的价值之后，我们可以通过以下几种方式来鼓励和促进积极的争论：

(1) **挖掘争论话题**。团队成员必须经常有意地"挖掘引起争论的话题"——把深藏不露的分歧摆在桌面上。这需要团队成员有提出敏感话题的勇气和信心，并迫使大家一起着手解决这些问题。开会时问题的讨论要体现出客观性，大家都要有决心投入争论中，直到问题解决为止。还可以指定一名成员在开会讨论时专门负责提出这类问题。

(2) **实时提醒**。在挖掘争论话题时，团队成员需要相互监督，不要放弃有益的辩论话题。一个简单有效的方法就是在大家争论得有些烦躁、不愿继续进行的时候，有人能意识到这一点，并鼓励大家这种争论非常必要。讨论或会议结束后，团队其他成员可以提醒辩论者，他们刚才的争论是为了团队的利益，没有任何不妥，而且今后有必要将这种争论继续下去。

(3) **其他方式**。前面曾提到，有很多种工具可以用来测试不同性格类型和行为特点，这类工具大都提供各种类型的人处理争论的分析，所以它们可以帮助人们调整对待争论的态度。还有一种直接用于分析争论的工具，就是托马斯–基尔曼冲突模式测试工具（Thomas–Kilmann Conflict Mode Instrument），通常称为TKI。它使团队成员了解应对争论的不同方式，从而根据情况选择不同对策。

团队管理者在发动有益争论时最大的困难，就是想要维护团队成员间的平衡关系，怕他们受到伤害。这种顾虑会导致争论还没开始就被"解决"了，这样不利于培养成员正确处理争论的技巧。因此，当团队成员进行争论时，团队管理者应该冷静审视、顺其发展，即便有时场面看上去可能很混乱，也不要随意打断。做到这一点确实不易，因为许多团队管理者都认为开会时局面失控是自己失职的表现。

最后，管理者们需要以身作则，参与争论。如果管理者总是置身于必要争论之外，那么团队就容易产生这种障碍，事实上很多团队管理者都在犯这样的错误。

3. 第三大障碍：欠缺投入。

团队成员之间欠缺情感的投入，大家的关系相对模棱两可，不会互相影响和支持。在团队中，投入由两部分组成：阐明问题和达成共识。优秀的团队可以在很短时间内达成明确的共识，大家都同意按照最终决定进行工作，即使先前反对这项决定的人也是如此。他们的会议很圆满，因为他们中间没有一个人对已经作出的决定持怀疑态度。而欠缺投入的两个最重要原因，就是追求绝对一致和绝对把握。

（1）**不要追求绝对一致。**优秀的团队成员能够理解，追求意见绝对一致的代价太大，所以他们能够互相作出必要的让步。这促使大家在不可能完全取得一致意见的情况下，也可以达成共识。当讨论陷入僵局而无法达成一致时，团队领导人有权作出最终决定。

（2）**不要追求绝对把握。**优秀的团队成员会齐心协力地制定出目标并为之奋斗，尽管有时候他们无法把握所作出的决定是否正确。他们意识到，与其犹豫不决，不如大胆地行动起来，等确定当前的路线是错误的时候，再果断地调整方向。

有问题的团队迟迟不肯作出重要的决策，直到看见足以证明自己正确的数据。这样看起来似乎很谨慎，但却埋下了隐患，导致团队运作迟缓、缺乏信心。产生这种障碍的原因，是追求绝对一致，或是追求绝对把握。我们需要知道，一支团队无法达成一致的最不利结果之一，就是使组织内部长期存在深层次的无法解决的矛盾。

欠缺投入的团队具有以下表现：

团队的指令和主要工作任务模糊；

由于不必要的拖延和过多的分析而错过商机；

大家缺乏自信，惧怕失败；

反复讨论，无法作出决定；

团队成员对已经作出的决定反复提出质疑；

……

全力投入的团队具有以下表现：

制定出明确的工作方向和工作重点；

培养从失误中学习的能力；

在竞争对手采取行动之前把握住商机；

毫不犹豫，勇往直前；

必要时果断地调整工作方向，不犹豫也不没完没了地内疚；

……

一个团队怎样才能够实现全力投入呢？团队成员可以通过实施一系列步骤来阐明观点，达成共识，克服追求绝对一致和绝对把握的误区，这样大家就能够上下齐心，全力投入。以下是一些简单有效的方法和原则：

（1）**统一口径**。在团队会议结束的时候，大家可以一起清楚地回顾会议上作出的主要决定，以及如何向员工和客户传达相关消息。这是由于在大多数情况下，团队成员对于所达成意见的理解不尽相同，在具体实施计划前他们需要弄清楚具体结果。此外，管理者应该了解哪些举措属于公司机密，哪些则是应该尽快明确地传达给员工的举措。最后，管理者还可以发给部门员工一份会议总结，而此前员工们只能从参加会议的经理那里听到一些不一致的，甚至是前后矛盾的消息。

（2）**确定最终期限**。确保投入的最佳方式之一就是设立解决问题的最终期限，在期限结束之前大家必须作出决定，同时通过纪律和规定严格地遵守决议。此外，除了明确最终时间，还需要针对问题的进展和各个步骤规定具体时间，因为这样做能确保在耗费过多的时间精力之前，团队成员之间不管产生何种偏差都能被及时发现并妥善处理。

（3）意外和不利情况的分析。面临这种障碍的团队可以简单地讨论应对意外情况的计划，或者事先设想可能发生的最不利的结果，再根据这些作出决策。这样可以帮助他们克服对于失败的恐惧，让他们知道一旦决定是错误的，可能发生的情况并不像他们想的那样糟糕。

（4）低风险激进法。另一个克服欠缺投入这一障碍的方法，就是在风险较小的情况下采用激进的方式，即团队在进行了大量讨论之后，强迫自身在调查和分析不足的情况下作出决定。这样的话，他们通常发现自己所作出的决定比预期的要好。此外，他们还将意识到，这样作出的决定和经过长时间的调研之后得出的结论并没有太大区别。但这并不表示研究和分析不必要或者不重要，而是指在这方面存在问题的团队可以用这种方法来加快作出决策的速度。

团队领导应该比其他成员更能接受可能作出错误决策的事实，他还应该时刻敦促成员们关注实际情况，遵守团队制订的时间计划。团队领导不应该把过多注意力放在追求绝对一致以及绝对把握上。

4. 第四大障碍：逃避责任。

团队中出现问题后，成员逃避责任，降低工作标准，谁也不敢负责。在团队协作中，逃避责任是指团队成员在看到同事的表现或行为有碍于集体利益的时候，不能够及时给予提醒。团队成员逃避责任主要是因为担心指出别人不妥的行为之后，造成人际关系上的紧张，或者他们倾向于有意避免不快的谈话。

优秀团队的成员通过担负责任来促进彼此的关系，他们彼此之间会相互尊重，并对别人的表现抱有较高的期待。虽然听起来缺乏理论依据，但实际上，要保持团队高效率地工作，最有效的方式就是同事间相互施加压力。害怕辜负同事的期望，这比任何规定和制度都更能够促使成员们努力工作。

逃避责任的团队具有以下表现：

成员对于团队里工作表现突出的同事心怀怨恨；

甘于平庸；

缺乏明确的时间观念；

把责任压在团队领导一个人身上；

……

负责任的团队具有以下表现：

确保让表现不尽如人意的成员感到压力，使其尽快改进工作；

发现潜在问题时毫无顾虑地向同事指出；

尊重团队中以高标准要求工作的同事；

免除绩效管理及改进计划这类过度形式主义的措施；

……

怎样才能保证团队成员不逃避责任呢？关键是运用几个简单有效的管理方式：

（1）公布工作目标和标准。使团队成员更易于对彼此负责的一个好办法，就是明确公布团队的工作目标、每位成员负责的工作，以及大家为取得成功需要做的事。目标和职责模糊不清是责任的大敌，即使团队已经就工作计划和行为规范达成共识，也应该公开强调这些共识，以免被大家忽视。

（2）**定期对成果进行简要回顾。**必要的制度可以督促人们做他们本不愿意去做的事，因此，我们可以利用制度来督促大家针对别人的表现给出反馈。如果不采取制度的方式约束大家，完全靠自觉的话，就会给逃避责任埋下祸根。

（3）**团队嘉奖。**将对个人表现的奖励转为团队成果奖，可以培养负责任的风气，因为一个团队不会因个别成员没有尽到责任而坐等失败。

团队领导人希望自己的团队成员能够对彼此负责，要达到这个目的，最大的难点在于为团队建立整体的责任机制。有些个人能力较强的管理者趋于使自己成为唯一的责任人，于是成员们看到同事的缺点就不予以指出了。当领导人在团队中培养起负责任的习惯之后，他就应该准备好在团队责任机制失效的时候，担负起最终仲裁人的角色。当然，这类情况不经常发生。然而，所有成员必须了解，担负责任并不是强求一致，而只是要求大家共同承担责任，必要时团队领导人将出面干预并解决问题。

5. **第五大障碍：无视结果。**

团队成员无视工作的结果，只是顾着自己的地位与自我的利益。团队协作的最后一大障碍是团队成员倾向于关注集体工作目标以外的事情。事实上，团队成员齐心协力、坚持不懈地追求特定目标和结果，是衡量任何团队工作表现的标准。这里值得注意的是，工作成果的衡量不仅限于经济上的指标，如利润、收入、股东权益等。在以资本为导向的经济环境中，许多组织确实将以上各项作为衡量成功的标准，但是团队协作第五大障碍往往会带来更大范围的危害，其中一点就涉及以成果为导向的业绩表现。

每家优秀的企业都明确规定在特定时间内要达到一定目标，这些目标比经济效益本身更能体现近期的工作成果。所以尽管利润可能是企业效益的最终衡量标准，但企业团队稳步前进，按时达成所制定的目标，本身就足以使企业团队受益匪浅。

除了工作成果之外，团队成员还应该关注集体成绩和个人成绩。对于有些团队成员来说，成为团队的一员已经足以使他们满足了，他们可能也希望达到一些特定的目标，但这种动力尚不足以使他们作出大的牺牲，或让他们愿意承担改变带来的太多不便。事实上，很多团队由于成员过分追求个人职位的晋升而遭受损失。追求个人成绩的人专注于提升自己的职位或职业前途而牺牲集体利益。尽管人们都有自我意识，但一支优秀团队的成员必须把集体利益放在个人利益之上。

不重视集体成绩的团队具有以下表现：

无法取得进步；

无法战胜竞争对手；

失去得力的员工；

鼓动团队成员注重个人职业前途和目标；

很容易解体；

……

重视集体成绩的团队具有以下表现：

有得力的员工加入；

不提倡注重个人表现；

正确对待成功和失败；

团队成员能够为团体利益牺牲个人利益；

凝聚力强，不会轻易解体；

……

一个团队怎样确保成员们把重点放在集体成绩上？方法是明确界定集体的工作成绩，并奖励为集体成就贡献力量的成员。

（1）**公布工作目标**。在一般团队中，公开表示希望取得成功的想法是有益的。向公众承诺要获取成功的团队会具有更高的工作热情，更渴望取得相关成就。而仅仅声称"我们会尽力而为"的团队，则无意识地、微妙地为自己的失败做好了准备。

（2）**奖励集体成就**。激励团队成员追求集体成就的有效方法之一，就是将他们的奖励，尤其是奖金，与特定的工作成绩联系在一起。不过，只借助于这一点将会产生问题，因为这样使得经济奖励成为他们工作的唯一动力，因此需要配合其他方式。同时，奖励必须以工作成果为标准，如果仅仅让员工以"努力工作"的名义取得奖励，就等于传达了一种不取得成果也无关紧要的信息。

对于这种障碍，团队领导人应该作出比应对其他几种障碍更明确的表示，应强调注重集体成就。如果团队成员感到领导人最重视的不是集体成绩，也会去效仿他的做法。同时，团队领导人必须走出自我主义的误区，培养客观的态度，奖励那些真正为集体利益作出贡献的成员。

以上这五个大障碍会严重影响团队的绩效，所以从业务骨干转型成为管理高手后必须要注意这几个问题，并及时解决。正是因为团队由不完美的人所组成，才有可能通过认识团队的人性化特点，促使团队成员克服人性的弱点，建立信任，进行有益的争论，全力投入，注重集体成绩，从而取得成功！

三、高效团队的九种角色

组建团队时在团队中形成以下九种角色才能构成高效的团队：

1. 专业者。

专业知识丰富的人，可以为团队提供专业的知识，以使团队达成专业和优秀。

角色描述：专业者对团队来说是奉献的人，他们热衷于自己的本职专业，甘心奉献，他们为自己所拥有的专业技能自豪。他们的工作就是要维护一种标准，而不能降低这个标准；他们陶醉在自己的专业中，一般对别人不太感兴趣。最终，专业者会变成一个在狭窄领域里绝对的权威。

典型特征：诚心诚意，主动性很强，甘心奉献。

团队作用：为团队的产品和服务提供专业的支持。作为管理者，由于他在专业领域知道的比其他任何人都多，所以要求别人能服从和支持他。

主要优点：有奉献精神，有丰富的专业技能和知识，致力于维护专业的标准。

主要缺点：局限于狭窄的领域，专注于专业而忽略整个大局，不能容忍的缺点或影响他发展的缺点是忽视能力之外的一些因素。

忠告建议：专业者是团队中的技术型和专家型的人才，具有一定的权威性，同样具有专业性的影响力。但是，专业型人才也有一定的局限性，比如容易限制在一定的思维领域，或者性格较固执，有钻牛角尖等行为表现。所以就专业者来说，需要拓展他们的眼界、思维和交流能力，让专业者走出办公室与其他岗位的人进行沟通和交流，这样可以在打开思维和格局的同时，帮助他们更好地提升配合度和工作能力，从而为组织创造出更高的绩效。

2. 创新者。

提出观点的人，为团队创造创新思想和观点，使团队不断向前发展。

角色描述：创新者拥有高度的创造力，思路开阔，观念新，富有想象力，是"点子型的人才"；他们爱出主意，是否高明则另当别论，其想法有时候偏激和缺乏实际感；创新者不受条条框框约束，不拘小节，难守规则；他们大多性格内向，以奇异的方式工作，与人打交道是他们的弱项；他们喜欢按照自己的方式生活和工作，更喜欢穿牛仔裤、休闲服上班，他们代表着那些个性和其他成员不太一样的新潮人士。

典型特征：有创造力，他们可以不断提出新点子，但有时比较个人主义，总是从自己的想法、个人的思维出发，不太考虑周围人的感受，也不太考虑这个点子是否适合组织。

团队作用：创新者在团队中常常提出一些新想法，这对企业或团队开拓新的思路很有帮助。通常在一个项目刚刚启动的时候，或团队陷入困境不知怎么办的时候，创新者显得非常重要。创新者通常会成为一个公司的创始人，也容易成为一个新产品的发明者。

主要优点：有天分，富有想象力，通常代表智慧、博学。

主要缺点：创新者往往好高骛远，有时他们的主意和想法，会无视实际工作中的细节和计划；他们不太关心工作细节如何实施，常常点子多，成效少；他们最困难的是跟别人合作，过分强调自己的观点，反而会降低推进速度。

忠告建议：创新者非常宝贵，在团队的建立过程中，应该主张个性的张扬，如果把员工的性格磨平，让他遵守既有规则，创新者的优点也就很难体现出来；有时从外界吸引一些创新者加入团队时，会带来一种文化的冲突、思维的革命，管理上叫"鲇鱼效应"。企业也需要从外面引进这样一条"鲇鱼"，改变一些既有规则，给既有文化带来一些新的创意和思考。作为组织中的管理高手，应该善用别人的长处，容忍别人的短处，能够尊重创新者，同时尽量把创新者的负面作用降到最低。

3. 信息者。

传递信息，保持信息的及时沟通与交流。

角色描述：信息者是一个对外界信息非常敏感的人，最早知道外界的变化；他们通常在自己的座位上坐不住，要不断到别的地方去看看，收集一下团队和组织中的信息；信息者的手机、电话响的频率比较高；信息者经常表现出高度的热忱，是一个反应非常敏捷，性格相对外向的人；他们是天生的交流家，喜欢聚会和交友，在交往中获取信息，并不断加深朋友间的友谊。

典型特征：信息者外向、热情，对什么事儿都好奇，都想了解，善于人际交往。

团队作用：调查团队内外的意见，调查某件事情的进展。适合做的工作是外联和持续性的谈判工作，谈判时他们可以随时知道对方的底牌、条件、优点、漏洞，知道从哪儿下手。信息者通常具备从自身角度出发获取信息的能力。

主要优点：信息者与别人交往时，有一种发现新事物的能力，通常能够跟创新者成为好朋友，他们善于迎接新的挑战。

主要缺点：当最初的兴奋消失以后，信息者容易对工作失去兴趣，注意力容易转移到新事物上；信息者也有一个不能容忍的缺点，就是喜新厌旧。

忠告建议：信息者的交流和沟通能力都比较强，当然他们的好奇心也会比较重，对新鲜事物、工作和信息比较感兴趣。但是，一旦失去新鲜感之后，他们就会转移自己关注的目标和事物。由此，在使用信息者时要注意他们的这些个性特点，不要因为不了解他们而认为他们是没有耐心的，是喜新厌旧的，造成一些误会；相反，如果用好了信息者，可以成为管理者的好助手。

4. 实干者。

埋头苦干，努力钻研，创造工作绩效。

角色描述：实干者非常现实、传统甚至有些保守，他们崇尚努力，计划性强，喜欢用系统的方法解决问题；实干者有很好的自控力和纪律性，对公司的忠诚度高，为公司整体利益着想而较少考虑个人利益。

典型特征：实干者性格相对内向，比较保守，但对工作有一种责任感，效率高，守纪律。

团队作用：由于其具有可靠性、高效率及处理具体工作的能力，实干者在企业中作用巨大；他不是根据个人兴趣，而是根据组织需要来完成工作；好的实干者会因为出色的组织技能和完成重要任务的能力而胜任高职位。

主要优点：实干者最大的优点是组织能力强，非常务实，他们对于那些飘在空中的想法、不切实际的言论不感兴趣；实干者通常会把一个主意转化成一个实际的行动，并且具体去实施，他们工作努力，有良好的自律性。

主要缺点：实干者缺乏灵活性，对未被证实的想法不感兴趣，容易阻碍变革。

忠告建议：当变革来临的时候应该走出去，被动地等待可能会被变革所淘汰。

5. 协调者。

协调安排，防止出现人际冲突和工作上的矛盾，能够和谐地处理好各项事务。

角色描述：在非权力性的影响力方面表现非常突出，能够引导一群拥有不同技能和个性的人向着共同的目标努力。代表成熟、自信和信任；办事客观，不带个人偏见，除权威之外，更有一种个性的感召力，在人际交往中能很快发现每个人的优势，并在实现目标的过程中妥善运用，协调者因其开阔的视野而广受尊敬。

典型特征：代表一种冷静，不会高度情绪化，不会大发雷霆，相信自己代表这个团队中的公众势力，有很好的自控力。

团队作用：协调者擅长领导一个具有各种技能和各种特征的群体，管理下属的能力往往比在同级进行协调的能力要弱。协调者善于协调各种错综复杂的关系，座右铭为"有控制的协商"，只要在控制的范围之内就好商量；喜欢平心静气地解决问题，不喜欢武斗。

主要优点：目标性强，能够整合各种人，同时兼顾人和目标两个方面，待人相对公平。

主要缺点：大部分情况下协调者的个人智力和创造力属中等水平，很难在其他方面表现出特别出众的优点和成绩。当团队目标实现的时候，协调者容易把团队的成果据为己有。

忠告建议：协调者是处理各项事务和人际关系的好手，但是一定要注意事事公平、公正、公开，让他人信服，凡事需要小心谨慎，如果有一点闪失，既会失去他人的信任也会让自己处于被动的地位。

6. 监督者。

监督评估，预防工作中产生问题，若产生问题便逃脱不了评估和处理。

角色描述：监督者通常比较严肃、严谨、理智，很冷静，常常具有冷血气质，天生就不会过分热情。他们很少表扬下属，并不是不认可下属，只是从外表表现出一种冷冰冰的感觉，这是个性使然。监督者不太容易情绪化，常常跟其他人之间保持一定的距离，他们总是退守到一角，开会的时候坐在离主持人最远的地方，培训的时候总是坐在一个角落不声不响，也很少参与。如果有人讲笑话，大家都笑得前仰后翻，监督者顶多会抿嘴一笑，绝不可能跟别人一样高兴地跳起来。监督者有很强的批判性，凡事都要找出一点问题，他们制定规定的时候非常谨慎，思前想后，综合考虑各方面的因素，一个好的监督者几乎永远不会出错。

典型特征：冷静，不会头脑发热，不太容易激动；每做一件事情都要谨慎思考，能够精确判断；有时比较喜欢挑刺，批判色彩很浓。

团队作用：善于分析和评价，善于权衡利弊。很多监督者处于企业的战略性位置，往往在关键性决策上从不出错，最终获得成功。

主要优点：冷静，判断、辨别能力非常强。

主要缺点：缺乏鼓舞他人的能力和热情，监督者不可容忍的缺点是有时会毫无逻辑地挖苦和讽刺别人。

忠告建议：监督者的强项在于对方案的选择，适合精算师这类的角色或工作类型。但监督者需要加强人际交往，不能总是游离于群体和团队之外，这样不太容易跟团队一起形成合力，时间长了会被团队忘记，或不太容易进入群体的氛围中去，这样也不太容易发挥作用。对于监督者来说，需要在人际方面获得改善。

7. 推进者。

推进工作的人，办事快，效率高，容易创造工作绩效。

角色描述：推进者是一个说干就干，办事效率非常高的人，他们的自发性非常强，目的非常明确，有高度的工作热情和成就感；在推进过程中，如果遇到问题和困难，总能找到解决的办法。推进者大多性格比较外向，干劲十足，在人际关系方面比较喜欢挑战别人，喜欢争辩，而且在争论中不赢不罢休。推进者往往以自我为中心，缺乏相互理解。

典型特征：具有挑战性，喜欢挑战别人，没有结果誓不罢休；喜欢交际，对新观点接受更快，富有激情，工作中总可以看到他们风风火火的劲头。

团队作用：推进者常常是行动的发起者，在团队中活力四射，尤其在压力下工作精力旺盛；推进者一般是高效的管理者，敢于面对困难并且义无反顾地加快速度，敢于独自做决定而不介意别人反对不反对。推进者是团队快速行动的最有效成员，是团队重要的贡献者。

主要优点：推进者随时愿意挑战传统，厌恶低效率，厌恶慢吞吞地做事。反对自满和欺骗行为，有什么说什么，不管会不会得罪别人。

主要缺点：喜欢挑衅，容易发火，耐心不够；明知自己犯了错误，自己的做法不对，也不会用幽默和道歉的方式来缓和局势。

忠告建议：推进者应尽可能在关注任务的同时也关注到人际交往技巧。在团队中一旦人际关系有了冲突和矛盾，推进者往往陷入其中，关注人的因素对推进者来说将是扮演一个好的团队角色最重要的一点。当然处事灵活一些可以减少在人际方面的摩擦。

8. 凝聚者。

润滑调试，包容大度，有影响力，能团结一帮人一起干。

角色描述：凝聚者是团队中很积极的一个成员，他们温文尔雅，善于跟别人打交道，最可贵的地方是善解人意，总能够关心、理解、同情和支持别人，通常处事非常灵活。他们把自己同化到群体中去，让自己去适应别人的观念和想法。有人说凝聚者是自我牺牲型的人，他们通常在团队当中是最听话的，不会发表对于其他人不利的观点和想法，通常凝聚者在团队中不会对任何人构成危险，凝聚者在团队中广受欢迎，是团队的润滑剂。当团队有问题、有矛盾、关系复杂、冲突比较多的时候，凝聚者的作用非常重大。

典型特征：合作性非常强，信守"以和为贵"；性情温和，敏感，对于任何人提出的建议他们都会很在意，同样也很在意自己的行为给别人带来什么样的影响。

团队作用：善于调和各种人际关系，只要有通透的环境，凝聚者就是一个起很大作用的人；他们的社交和理解能力会成为化解矛盾和冲突的资本，有凝聚者在的时候团队成员能够协作得更好，团队的士气也更高，他们是团队的润滑剂。

主要优点：随机应变，善于化解各种矛盾，促进团队精神。

主要缺点：在危机时刻往往显得优柔寡断，做决定的时候往往果断性不够。把做决定看作是一件冒风险的事情，看作是可能影响人际关系的事；凝聚者不可容忍的缺点就是有时他们不愿意承担工作的压力，有推卸责任的嫌疑。

忠告建议：在人际方面表现出出众的能力，这是强项。但是怎样让凝聚者更多地关注目标呢？要做到：敢说、敢做、敢提建议。有可能凝聚者的观点就是很好的，不要因为主张和为贵，而把好的观点、建议埋没在自己的心里。

9. **完美者**。

精益求精，关注各项细节，希望把工作做到完美。

角色描述：完美者具有一种持之以恒的毅力，做事非常注重细节，力求完美，追求卓越。完美者通常性格内向，工作动力源于内心的渴望，他们几乎不需要外界的刺激就能主动、自发地去做事情。他们不太可能去做没有把握的事情。完美者有 120% 的把握时才说："这事儿咱们可以实施了。"他们不打无把握之仗。完美者对工作的要求很高，对下属也是同样，通常下属跟他一起工作会觉得很辛苦。完美者非常细致，对于工作的标准很高，总是担心授权下属去完成任务做不到他所期望的结果，喜欢事必躬亲，不太愿意授权。他们无法忍受那些做事随随便便的人，很难跟这种人在一起配合。

典型特征：埋头苦干，守秩序，尽职尽责；有的时候比较容易焦虑，事事追求精益求精，对任何小的缺点都不放过。

团队作用：对于重要的、高难度或高准确性的任务，完美者起着不可估量的作用；他们善于按时间表一步步完成任务，能培养一种紧迫感。在管理方面,他们崇尚标准、注重准确、关注细节,因为坚持不懈而比别人更胜一筹。

主要优点: 坚持不懈、精益求精。

主要缺点: 容易为小事焦虑,不太愿意放手,有时吹毛求疵。

忠告建议: 追求完美的人,往往活得比较累,因为在他们的眼中揉不进半点沙子,也就会对工作和生活等都有很高的要求,在精细度和严谨度方面都有自己的追求,一旦达不到完美,对于完美者来说就是一种痛苦。对于很多完美者来说,患上抑郁症也就成了一种常态。

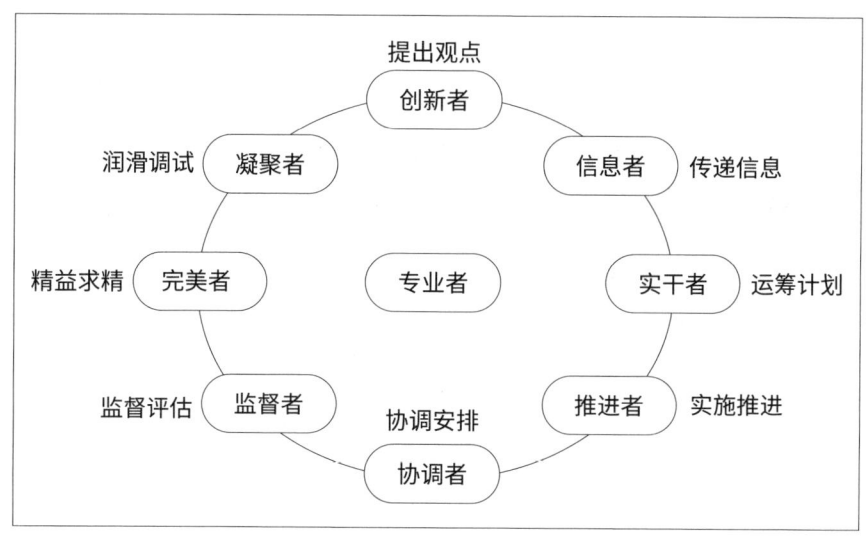

图 6-2 团队中的九种角色

总结一下:管理者要知人善任,用人之长容人之短;管理者要建立清晰的目标及动人的愿景,更要有坚定不移的信念,带领团队始终向着确定的方向行进，不动摇不放弃；一个优秀的团队是多种角色的组合，团队成员拥有互补的技能，相互欣赏，共同促进绩效提升。

四、团队发展的四个阶段

一个有效率、高绩效的团队，通常会具备这样一些特点：团队成员彼此支持、相互信任、合作共生、相互适应、有耐心、有勇气、能包容。任何一个团队，要达到这样的水平，通常需要经历四个阶段：

1. 第一阶段：形成期。

这一阶段，团队成员会多次确认自己是否为这个团队中的一员。这时候，团队成员存在焦虑、恐惧、排斥等情绪是常态。成员在这个团队中，非常需要归属感，也需要被看到、被听到、被注意到。这时候团队的领导者表现出友好的态度，团队成员会比较期望从他那里获得指导和帮助。

领导者语录："不做讨论，都听我的。"

这个时期，团队领导者要注意过程管控，采取告知式的指令方式指导员工开展工作，团队领导者是专家的角色，与团队成员打成一片，同甘苦共患难。

2. 第二阶段：动荡期。

一旦团队成员都融合进来了之后，另外一些动态因素就出现了。

每一个团队成员都需要在这里发挥出自己的长处和优势，这时候可能会出现一些诸如"争夺角色"的现象，团队内部可能会产生竞争。每个人都非常迫切地想要表达自己的主张，自然而然会出现一些意见不一致的情况。这个阶段的团队各种想法层出不求，而且大家愿意尝试，但是角色和职责之间的冲突，可能会阻碍大家对团队未来潜力的认知。当这样的团队出现冲突的时候，似乎难以达成一致、形成共识。

领导者语录："你们讨论，我来决策。"

这个时期，团队领导者要注意工作内容和结果，采取辅导的方式帮助员工开展工作，团队领导者是协调者的角色，督导员工把工作做好。

3. 第三阶段：规范期。

这个阶段的团队以任务目标为导向，有完善清晰的流程体系和角色分工。这时候，团队的目标常常是打败竞争者，以取得盈利和增长。创新是团队取得成效和快速发展的源头。团队重视目标管理，同时也重视彼此之间的关系建立，但团队成员之间，仍然保留有紧张的动态因素。团队成员擅长未雨绸缪，将灾难的苗头掐死在萌芽之前，让项目得以顺利进行。

领导者语录："你们讨论，你们决策。"

这个时期，团队领导者要关注组织的系统建设，管理越来越规范化，采取授权的方式放手让指定员工自主开展工作，团队领导者是战略家的角色，采用流程型的管控方式。

4. 第四阶段：高效期。

这时候的团队是高度合作的、互相依赖的，为共同目标而努力奋战的。对这样一个团队来说，相互信任和共享信息至关重要，是合作的核心。如果一个团队处于合作阶段，当其中一个成员经历不愉快的时候，其他成员会给予帮助和支持；当其中一个成员经历荣耀的时候，其他成员会为此庆祝。财经学者吴伯凡曾经说过："合作的本质是一个有共同利益的生命共同体，它是某种程度的生命体；每一个合作的一方都是这个超级生命体的器官；共同的利益生命体的各个器官之间是一种可持续的合作的关系，每个器官的生长和程序是有赖于其他器官的生长和程序的。"这个阶段的团队就是这样的状态。

领导者语录："不做讨论，你们决策。"

这个时期，团队领导者采用无为而治的管理方式，指引和激励员工开展工作，团队领导者是精神领袖的角色，采用进化型的管控方式。

每个团队都希望到达第四阶段，合作总是表现为利他主义。一个人利己性越强，团队对他的信任度就越低；一个人越是利他，团队对他的信任度就越高。什么是优秀的合作伙伴关系？——高信任度和依赖感。只要彼此之间的依赖还真实存在，这种共生、合作就会持续存在。

用对人员

> 人才与组织不合适的组合可能会导致互相耽误的恶果。这就好比一辆车配上了超出规格的先进发动机，最终车子跑不远，发动机也因无法磨合而损坏。不考虑这个因素就盲目引进高端人才，只会起到相反的效果，白白浪费资源。一个健康发展的组织不要再一味追求"最优秀的人才"，而应立足于寻找"最合适的人才"。

一、合适的，才是最好的

招聘人员时有一个原则需要特别注意：招聘最优秀的人不如招聘最合适的人。

很多企业都想从人力资源市场中找到最优秀的人才，以便形成人才优势。由于优秀的人才往往凤毛麟角，知名企业总是会提出优厚的条件努力争取。阿里巴巴的马云感慨道："阿里在发展过程中犯过许多错。比如在创业早期，请过很多'高手'，一些来自500强大企业的管理人员也曾加盟阿里，结果却是'水土不服'。"

那些职业经理人管理水平确实很高，就如同飞机引擎一样，但是如此高性能的引擎适合拖拉机吗？按照常理来推断，来自世界

500强的高层管理人员在原就职公司有着赫赫战功，具备先进的管理理念，似乎能有效促进公司管理的现代化与规范化。但事实上没那么简单，那些从世界500强公司里引进的高级管理者习惯了以大公司的资源、渠道、人力来运作项目。而当时的阿里还是处于发展中的中小企业，没有富余的资源与人手去做大项目，组织结构与人员调配必须保持较高的灵活性，员工规模不大，还不需要太规范化的制度。为此，这些外来的高管只能改变之前在世界500强中的管理办法，以更为粗简灵活的方式来解决问题。其实这是一个重新学习与重新适应的过程，公司必然会为此付出相应的成本与代价。

人才与组织不合适的组合可能会导致互相耽误的恶果。这就好比一辆车配上了超出规格的先进发动机，最终车子跑不远，发动机也因无法磨合而损坏。不考虑这个因素就盲目引进高端人才，只会起到相反的效果，白白浪费资源。一个健康发展的组织不要再一味追求"最优秀的人才"，而应立足于寻找"最合适的人才"。

什么样的人才是"最合适的人才"呢？可以通过三个方面来考察：

1. 有没有胜任岗位的能力或潜质。

现代企业的分工越来越专业化、精细化、体系化。应聘者具备岗位所需的基本专业知识与工作能力，是最起码的要求。但并不是每个岗位都一定能招到技能熟练、经验老到的资深人才，这时候就需要观察应聘者是否具备胜任岗位需要的潜质。比如，对那些相关工作经验较少，但学习能力很强的应聘者，应当放宽某些方面的要求，让他们成为公司赢得未来的生力军。

2. 是否认同公司的文化价值观。

不认同公司文化价值观的员工，也许工作很卖力，但也只是抱着"做一天和尚撞一天钟"的想法来做事，并不会从各方面贯彻公司的使命。当公司遇到发展瓶颈或处于铺垫阶段时，他们往往不愿意与公司同甘共苦，而是选择离开。公司发展总有几个爬坡阶段，这就需要忠诚的员工齐心协力突破难关，只有认同公司文化价值观的人，才能不受短期利益的诱惑，坚持为公司奋斗。

3. 个人的发展目标与公司的发展目标是否方向一致。

每个人的职业生涯规划千差万别，有的与公司发展目标方向一致，有的与公司发展目标不在一个方向。前者与公司的成长步调一致，有更多的共同利益来巩固合作关系，就是"最合适的人才"；后者在公司待了一定的时间后，就会为个人目标而另找出路。"最合适的人才"可能是业内公认的"最优秀的人才"，他们都与公司的发展需求相匹配，能够很好地融入公司的价值文化体系中，并愿意与公司共同成长。这就如同一辆车配上了性能最匹配的发动机，能把综合性能发挥到极致。

接下来，结合我进三十年的人才培养经验，一起来看看用人要点和团队文化融合的问题。

建议管理者选人时侧重考虑以下**三大要素**：

1. 以价值观融合为先，不认同企业价值观的人，不建议引入组织当中；

2. 能力其次，能力是产生绩效的根本，高能力的人必然会有高绩效的产出；

3.学历只是门坎而已，高学历不代表高能力和高绩效，紧紧把握组织的最根本需求才是硬道理。

建议管理者在考量人才时侧重以下**两个重点：**

1.忠诚度：看看候选人如何评价以前的公司和主管。俗语说："来说是非者，必是是非人。"今天候选人对以前的公司和主管的评价，很可能成为未来他对现任公司和主管的评价。所以忠诚度是考察候选人的重要标准之一。

2.敬业精神：从简历上看候选人的跳槽情况来进行分析，工作没有满一年就离职或者频繁跳槽的人，其敬业精神值得担忧。也有可能这个人根本就没有想清楚自己的职场目标是什么，在工作中的追求是什么，一个工作目标不清晰的人，也很难有所作为。

在选择人员时要考虑合适的才是最好的，多给本组织中表现优异的员工换岗和晋升机会，让老员工可以在多个岗位工作、学习和成长；对已经聘任的管理岗位，要考虑设置聘期，人员能上能下；另外管理岗位有竞岗制度，平时在工作中多发现人才，并对优秀人员给予发展机会。

管理者评价员工的标准在于：优秀员工与合格员工的区别是什么。在工作实践中，我们依据经验得知：**衡量合格员工的标准，就是能够及时发现问题，提出并上报；但是对于优秀员工，我们衡量的标准是，发现问题后能够提出解决问题的办法，这才是我们认为企业要大力发现及培养的人员。**

二、如实简单，提供建议

"如实简单，提供建议"，这更像一句大白话，而不像一句管理格言。但是，就是在这样一句大白话中，却隐藏着深刻的含义。

"如实"是一个人高尚人品的体现；"简单"是一个人综合能力的体现，一个优秀的职场人必须要具有在复杂的问题中找到问题根源的能力；"提供建议"更是评价一名优秀职场人的标准。职场中有句话："提出问题的人就是解决问题的人。"这告诉我们作为一名优秀的职场人不能只发现工作中存在的问题，而是要在发现问题的同时提出解决问题的方法，这才是正确的做法。一个只会提问题而不会解决问题的人，像是一个只会发牢骚的人，不是职场中需要的人才；而提出问题又能解决问题的人，才是我们所需要的优秀人才，经过一段时间的培养一定可以成长为公司的核心人才或者关键岗位人才。

张小飞今晚担任 FS 航空公司的值班总裁。由于 FS 航空公司主要承担国内的货运任务，所以基本上都是夜航，张小飞的工作从晚上 9 点开始变得非常忙碌。这时，他的电脑叮地响了一声，原来是他的邮箱收到一封新邮件。他定睛一看，是运控部的经理李文彬发来了一封关于飞行运控的邮件，再仔细一看，这封邮件的内容非常多，估计有 2000 多字。张小飞现在正忙，没有时间细看，于是他把这封邮件转给他的秘书王欣，并打了电话给她，请王欣代为分析邮件中的重点内容。

王欣在收到张总邮件的同时又接到了电话，明白了这是一封非常重要的邮件。于是认真阅读了运控部经理李文彬发来的这封邮件，整理出他汇报的五个问题和五个解决方案，并指出第一个方案是目前符合公司情况的最为合适的解决方案。然后通过邮件回复给了张小飞，同时回电话作了简单的说明，以便为张小飞的管理决策提供参考。

在第二天的飞行生产例会上，值班总裁张小飞在投影上公布了这件事情，并表扬了王欣这种在复杂工作内容中找准问题核心点且提出解决问题的方案供上级决策的能力。这正是FS航空公司对所有员工的要求："发现问题并能够及时提出解决问题的方法。"对运控部经理李文彬等管理干部进行了指导，教会大家在"如实"反映问题的同时，也要用"简单"的文字描述工作中的重点内容，以便于上级快速了解事实的真相和作出正确的决策。

三、学会批评下属

"管理是严肃的爱"，一个不懂得批评下属的管理者不是好的管理者。管理者一定要学会批评下属，不批评下属是害了他，正确及时地批评下属才能让他认识到错误，从中吸取教训及承担责任，这有利于促进员工的成长，否则员工很可能会出现更大、更多的错误。

1. 管理者要允许下属犯错并接受犯错，但是绝不容忍一错再错。

每个人都会犯错误，最主要的区别在于：成功人士能从错误中吸取教训，而普通人却做不到。犯错误会带来痛苦，但任何人不应因此就选择逃避。痛苦说明某些事情出了问题，前事不忘，后事之师。为了从自己和他人的错误中吸取教训，我们必须坦诚、公开地承认错误，并努力避免再次犯错。当然，对待员工所犯的错误时，重要的是分清楚两种人：

（1）能力强的人，犯了错能反躬自省并愿意吸取教训的人；

（2）能力差的人，或者能力虽强但不能正确对待错误和吸取教训的人。

时间一长就会发现，雇用能够自省的人，是管理高手能作出的最重要的决定之一。

错误是事物演化过程中的自然连带部分。如果我们不在乎在追求正确的道路上犯错，我们就能学到很多，并能提高工作效率。但如果我们无法容忍犯错，就不会成长，就会使自己和周围的人很难受，我们的工作环境就会充斥很多流言蜚语和中伤恶语。聪明的人善于拥抱自己的错误和不足，从而能远远超越那些与他们水平相当但更自负的同龄人。

2. 学会正确批评和帮助下属成长。

批评下属，是管理者的一个重要基本功。哪怕你现在只是学校的一名班干部，学会批评人，达到带人而不伤人的目的，都十分重要且很难。因为现在的新生代都是在鼓励教育的环境中成长起来的，他们听到的赞扬远远多过批评。所以，作为管理者，建议不要仗着手里有权力，就过于简单粗暴，一味地指责和批评下属。

管理者在遇到下属犯错时，请耐心指导他们，帮助他们慢慢地成长，其实每个人都需要有成长的过程。如果一个员工在某项计划中犯错，建议重新交给他另一项任务，让他吸取前一项任务失败的教训，他能从中学到不少经验和方法，并可以凭借过去的经验不断向前迈进。这才是正确地帮助新生代成长的最好方式。莎士比亚说："经验是一颗宝石，那是理所当然的，因为它常付出极大的代价得来。"

错误是其中一种代价，当错误已经发生，继续在错误中徘徊没有任何意义，只有解决问题才有意义。解决问题更好的方式，不是针对过错惩罚下属，而是指导他们在错误中成长，重新出发。

四、专人做专事

专人做专事，可以使工作的分工更加细致化，可以让专业人才在专业领域里深入研究，发挥工匠精神，精益求精。管理者在组织中构建"专人做专事"的工作环境，并且只要是在为公司利益考虑的前提下，就允许失败；在组织中安排专事专人做，新事新做法，对事不对人。

专业的人做专业的事有多重要？非常重要，比我们想象的更加重要！重要性主要体现在以下几个方面：

1. 专业的人做专业的事会提高效率，节省大量的时间。

年前，王大海在淘宝上买了大衣柜，如果安排专人组装需要额外花费200元安装费，王大海想着自己组装个衣柜就可以妥妥赚到200元，觉得很开心。于是他利用下班后所有的休息时间，自己照着图纸，用螺丝刀大干了5天。当大衣柜组装完成后，王大海便发了个微信朋友圈抱怨了一下，看到大家的评论时他才知道：整个柜子组装完成，如果由专业师傅一个人操作只需要30分钟即可完成，而同样的工作，王大海是用螺丝刀，对照着图纸一步一步耗时25个小时才完成，效率低下不说，在安装的手艺和效果上肯定不如专业师傅做得好。

专业的师傅有专门的工具，有长时间积累下来的经验，遇到问题立刻就能解决，而我们自己做，出现任何问题都要花很多时间查找答案。花费了大量精力，看似省了钱，但投入了过多的精力，并不值得。

2. 专业的人做专业的事可以避免重大损失。

类似的事情也并不是仅仅发生在当下，韩非子有一篇记录文章：

虞庆要建房子，工匠认为木材没干透，泥巴也是湿的，橼子容易翘，房子建成后有坍塌风险。虞庆认为木材干透了自然会直，泥巴变干会变轻，不会影响房屋质量。最后工匠没有办法，只好按照他的想法把房子建成。不久房子就倒塌了。

要知道在当代，光建筑企业资质就有12种总承包资质，细分

36 种专业承包资质。虞庆作为外行却指挥内行做事，终究是房倒屋塌，浪费了金钱和时间。"闻道有先后，术业有专攻。"专业的人做专业的事情，可以避免重大损失。

3. 专业的人做专业的事，会产生质变。

某机构在捐赠物资的分发配送方面效率低下，遭受不少诘难。当把物资分配交给某某通配送公司以后，事情出现很大的变化——自某某通配送公司接管某机构的紧急物资之后，紧急的医疗物资在 2 小时内就能完成从到货到分配的过程。不少网友说：某机构半个月没搞明白的事情，某某通配送公司接管以后，2 个小时就做完了。

为何某某通配送公司接手前后有这么大的差距？是专注成就了专业，某某通配送公司从 1985 年成立起，一直深耕药品和医疗器械批发及物流配送领域，这才导致了如此大的差异，一度成为当下热点。由此可见，专业的人做专业的事，不仅能提高效率，节省精力，还能避免重大损失，更会产生质变，创造奇迹，造就英雄。

建好文化

> 优秀的企业文化就像春雨，随风潜入夜，润物细无声，巧妙地影响着员工的思想和行为。

企业就像一个磁场，如果磁场充满了负能量，再好的员工也会慢慢地吸收负能量，变成一个"不听话、不守规矩"的员工；如果磁场充满了正能量，一些"坏员工"也会慢慢被感染，并最终作出两个选择：第一，改变自己去适应企业，第二，离开这个磁场。这个磁场就是我们常说的企业文化，它似乎不可名状、虚无缥缈，但却无时无刻不影响着员工的行为。

一、如何构建优秀的企业文化

现在很多公司老板都热衷于企业文化的打造。打造真正具有本企业特色的企业文化，需要理解并注意以下几点：

1. 什么是企业文化？

一家成功的企业，与这家企业优秀的企业文化是密不可分的。什么是企业文化呢？所谓企业文化，或称组织文化，是一个组织由其价值观、信念、仪式、符号和处事方式等组成的特有的文化形象，就是企业在日常运行中所表现出的各个方面。简单地说，就是全体员工共享的理念和行为模式。

企业文化 = 理念模式 + 行为模式。即：共同的说话做事的方法或规则。

企业文化是企业里的每一个人内化于心、外化于行的综合特征及所有"物化"的体现。企业文化体现在员工的思想、行为上，甚至体现在员工的起心动念处。"物化"是指将企业文化融入企业的产品、标语、装修设计风格等上面。

比如，在管理规范的企业里，每到发工资的那一天，员工常常讨论的是"你到了哪一级"；而在管理粗放的企业里，每到发工资的那一天，员工讨论的是"你拿了多少钱"。两者有着本质的区别：前者引导员工关注付出，员工知道收入是跟职等职级挂钩的，"我要高收入，那我得努力提高我的技能，提高我的效率和产品良率，才能往更高的职等职级发展"；而后者关注的是结果，对比的是得到。这是两种不同的企业文化体现在员工的言行举止上面的结果。再如，很多互联网公司里，老板和员工是在一个大厅里面办公，显得特别接地气，老板跟员工一起做事，大家也能更好地沟通，体现着互联网公司扁平化管理、开放的企业文化。

2. 为什么要重视企业文化建设？

新生代员工的需求已经发生了变化，精神的需求越发重要。10年前，大家找工作更多关注的是物质需求，有个基本的收入还有住房，员工就满足了；但现在，员工更加关注精神需求，企业要有丰富的文化活动，员工在组织当中要有成长和发展的空间。

文化传承使命。文化还有利于公司制定长期、统一的发展战略，可以帮助企业吸引和留住人才，帮助全体员工找到自己的位置以及归属感，同时还能给员工带来荣誉感，帮助他们实现人生的价值。另外，弘扬企业文化也是企业进行品牌传播的最好方式。

3. 如何进行企业文化建设？

（1）确定企业的使命、愿景、价值观。

企业文化体系包括三个核心维度：使命、愿景和核心价值观。这个核心维度，也恰恰证明企业存在的价值和理由。我们一一来看看：

企业的使命，是企业对人类、对社会、对行业、对消费者而言，存在的意义、价值。比如，阿里说"让天下没有难做的生意"；格力说"让世界爱上中国造"。我们发现一些知名企业，都有自己核心的企业文化，都有自己的经营使命在支撑着企业运转。

中国特种计算机龙头企业研祥智能的企业使命：不断创新，引领世界特种计算机行业的发展，为全球客户提供最具有竞争力的产品和服务！

中国通信行业三大国代商之一的爱施德股份的使命："创新服务模式，创造更大价值。"创新服务模式是爱施德的生存之本、竞争之本、创造客户价值之本，爱施德通过为客户创造更高价值，赢得社会的广泛尊敬。

企业的愿景，是企业战略的高度提炼，告诉我们企业未来要去的方向是什么，企业将来希望发展成什么样子，达成什么目标。

顺丰速运的愿景：成为最值得信赖和尊敬的速运公司。

★ 我们致力于为员工提供一份满意和自豪的工作。

★ 我们致力于快速、安全、准确地传递客户的信任。

★ 我们致力于成为速运行业持续领先的公司。

★ 我们致力于承担更多的社会责任。

中国通信行业三大国代商之一的爱施德股份的愿景：

成为"让员工感到幸福、被合作伙伴认同、受社会尊敬"的世界级企业，是我们奋斗的目标。

【让员工感到幸福】给奋斗者机会，给贡献者回报，与同路人共享；

【被合作伙伴认同】诚信守诺，互惠共赢，携手成长；

【受社会尊敬】务实发展，和谐共生，德报社会。

企业的核心价值观，是指导组织行为的一系列基本准则和信条，起着行为取向、评价原则、评价标准的作用。

顺丰速运的核心价值观：

· 尊重他人才能获得他人的尊重和信赖。

· 团结才能获得他人的支持和帮助。

· 认真才能把事情做好，才有突出的业绩。

·奉献才有回报，才有更多的认可和发展机会。

中国特种计算机龙头企业研祥智能的核心价值观：

·诚信原则

★诚心诚意对待合作伙伴，建立企业、品牌良好信誉；

★个人及部门间相互信任、真诚合作是建立一支高效率团队的保障；

★信守承诺，对自己的言行负责。

·永远的改进

★变是市场永远不变的规则；

★所有的工作、品质及服务，永远都有进一步改进的空间。

·鼓励创新

★雷同永远落后，创新才有发展；

★提供良好的创新环境，允许失败；

★专事专人做，新事新做法，对事不对人。

企业要有优秀的企业文化，需要创始人带领核心团队梳理企业的使命、愿景、价值观，然后再运用到企业的管理当中。只有把企业文化融入每一位员工的思想当中，才能够把企业打造成为行业内的航空母舰。

（2）主题文化活动的设计开展。

包括品质文化、服务文化、品牌日等等。海尔砸冰箱的故事一直流传至今，其实，这就是海尔的品质文化。后来，海尔又在讲服务营销，海尔的"真诚到永远"温暖了千百万用户和消费者的心，让海尔品牌成为中国制造的诚信标签。中小制造业企业也要注重这些主题文化活动的策划、开展。

（3）文化生活活动和管理文化活动的开展。

文化生活活动包括生日会、谈心会、团建活动等等，企业要把这些活动做起来。管理文化活动包括总经理见面会、民主生活会、高层沟通会、金牌员工见面会……

曾经，广东一位企业家跟我讲："黄老师，我很困惑，现在企业发展到了 30 个亿的规模，有 2000 多名员工，里面有一些是跟我一起创业的老员工。从情感上我是真的很感谢他们，但是从精力上，我现在一年可能都跟他们见不了一次面，因为忙得确实没有精力去见……"于是，我们帮助这位企业家策划了一个"金牌员工见面会"，每年固定一个下午的时间，让这些从创业就跟着老板的员工，哪怕是车间工人，在这个"金牌员工见面会"上，跟老板一起吃一顿饭，既解决了老板的困惑又加深了员工对组织的情感。

通过"金牌员工见面会"这个管理活动的开展，更重要的是向所有员工传递一个信息，无论是一线员工还是管理层，老板、高层都不曾忘记他们。久而久之，便形成了凝聚人心的企业文化，有利于塑造团队超强的凝聚力。

（4）文化建设载体的设计。

文化是需要载体的，我们天天嘴巴上讲要打造企业文化，还是虚的。企业文化载体是指以各种物化的和精神的形式承载、传播企业文化的媒体和传播工具，它是企业文化得以形成与扩散的重要途径与手段。企业文化的载体具象化来说可以是企业宣传片、企业歌、企业自媒体、企业杂志、企业书籍等。

（5）文化形象的设计和统一。

文化形象的设计和统一包括厂房、文化馆、办公家具、服装等。比如，汤臣倍健打造的透明工厂，包括一个文化馆和一个生命体验馆，让你去感受自己身体的一些变化；再如，德国斯图加特的奔驰汽车博物馆，记录了关于奔驰汽车长达 120 年的光荣和梦想。

二、让学习文化在组织中快乐放飞

管理者创建创新型学习组织，构建完善的学习和发展体系，是构建创新型企业文化的最好方式之一。管理者亲任企业内部培训师，为员工成长承担教练、辅导和培养的责任，同时也可以通过这种方式将企业文化在组织内部准确、有效传递。

1. 管理者参与组织学习体系的搭建和运营。

一谈到企业的人才培养工作，大多数管理者有个错误的认知，认为这是公司人力资源部或者培训部的事情，与他们无关。其实这是一个非常错误的认知，公司人力资源部和培训部的同事固然对人才培养有着重要的责任，但如果是管理者本部门的人才培养工作，管理者才是第一责任人。身为管理者不要期望别人可以培养出本部门适用的人才，如果真的可以培养出的话，这名管理者在组织中的价值也就不大了。所以我们强烈要求，在任何一个组织当中，请管理者亲任培训讲师，管理者首先是教练和导师，其次才是带领团队的管理者；管理者只有把下属的能力提升了，才能更好地为组织创造出高绩效。

由此，在一个优秀的组织当中，构建完善的学习与发展体系是必不可少的，将各级管理者列入人才培养的工作管理当中，并在执行具体的人才培养计划时把大家的课程和任务安排上去，必要时可以让老板也参与其中。这样的话，可以让此项工作更具促动力，取得最佳的实践效果。

2. 鼓励员工自学上进，并在公司内部推行全员阅读。

企业要鼓励全员开展自我学习，以整体提升人员的素质，才有可能更快地促进企业绩效的提升。要确保这一管理措施的落地执行，管理者需要拟定出配套的管理制度并督促执行。比如：员工自学或者外出参加学历提升学习，取得了相应的学历证书，公司给予学费全额报销或者部分补贴的奖励；员工参加本岗位技能提升培训和学习，管理者给予时间上的支持；员工自费买书回来阅读学习后，写出读后感并分享给其他员工，公司报销买书的费用；等等。这一系列的措施，都有助于形成学习型的组织，从而促进人员素质和组织绩效提升。

企业还可以把员工这些热爱学习的行为和表现，记录在个人的人事档案中，人力资源部或者培训部门做好相关管理工作，并作为员工晋升、发展和加薪的重要参考（或加分项目）。在企业中形成一种你追我赶的学习氛围。

另外，根据现时互联网的大力推广和运用，企业可以利用互联网平台上各种各样的学习工具，开展多种形式的网络学习，让员工的线下学习和线上学习互相结合、互相促动，以达成最佳的学习效果。

三、让制度文化在企业里有效执行

管理者务必要创建与企业文化相适应的制度并给予严格执行。给大家分享一则《孙武练兵》的故事吧：

故事发生在春秋时期。吴国国内稳定，仓廪充足，军队精悍，向西进兵征伐楚国的准备工作已经基本就绪。此时，伍子胥向吴王推荐了孙武。吴王将孙武所写兵法一篇一篇看罢，啧啧称好，但又担心孙武是个纸上谈兵之人，便提出让孙武小规模演练。孙武回答说："可以。"吴王问道："先生打算用什么样的人去演练？"孙武答："随君王的意愿，用什么样的人都可以。"吴王想给孙武出个难题，于是，下令将宫中 180 名美女召到练兵场，交给孙武去演练。孙武把宫女分为左右两队，指定吴王最为宠爱的两位美姬为队长，让她们带领宫女进行操练，同时指派自己的驾车人和陪乘担任军吏，负责执行军法。

分派已定，孙武站在指挥台上，认真宣讲操练要领。他问道：

"你们都知道自己的前心、后背和左右手吧？向前，就是目视前方；向左，视左手；向右，视右手；向后，视后背。一切行动，都以鼓声为准。你们都听明白了吗？"宫女们回答："听明白了。"安排就绪，孙武便击鼓，指令队伍向右。宫女们口中应答，却不听号令，捧腹大笑，队形大乱。孙武说："指令不明，解释不清，是将军之罪。"接着又对规定加以重复说明。再次击鼓，指令队伍向左，但是宫女们还是笑成一片。孙武道："指令不明，解释不清，是将军之罪。既然已经解释清楚，仍不按照命令操作，则是兵长之罪。"便召集军吏，根据兵法，斩杀两位队长。

吴王见孙武要杀掉自己的爱姬，马上派人传令说："寡人已经知道将军能用兵了。没有这两个美人侍候，寡人吃饭也没有味道。请赦免她们。"孙武毫不留情地说："臣既然受命为将，将在军中，君命有所不受。"执意杀掉了两位队长，任命两队的排头充当队长，继续练兵。当孙武再次击鼓发令时，众宫女前后左右，进退回旋，跪爬滚起，全都合乎规矩，阵形十分齐整。

孙武请吴王检阅，并解释："令行禁止，赏罚分明，这是兵家的常法，为将治军的通则。对士卒一定要威严，只有这样，他们才会听从号令，打仗才能克敌制胜。"听了孙武的一番解释，吴王心服口服，拜孙武为将军。

这个故事告诉我们，规则在组织中的重要性！组织中的任何人只要按照既定的规则来执行和操作，没有做不好的事情；而那些视规则为玩笑的管理者必将举步维艰、一事无成，最终会被淘汰出局。

　　管理者要创建优秀且确实可以落地执行的规章制度并且严格执行，要将工作内容和程序制度化、流程化、规范化、标准化，便于每一个人遵循。我们始终认为，在企业中不会建立并执行规则的管理者不是合格的管理者，更不会是一名优秀的管理者。对于文化和制度内的事件，按标准执行即可；制度外的问题，先按公司的文化执行，然后纳入制度管理当中，为日后解决问题提供标准和方向。

四、这样打造优秀企业文化

　　1. 文化活动的频率比内容更重要。

　　并不是说频率越高越好，而是我们定了某个文化活动就要长期地开展下去。就如我曾经工作过的某企业中的一个培训项目"管理者晋升前的资格认证培训"，每年都会举办一次，我会系统地梳理、总结该企业管理者的胜任能力情况及领导力模型，将在企业经营中体悟的一些管理经验、心得融入培训内容当中。每年固定频率地进行复盘、总结，久而久之，便形成了该企业独有的学习文化。

　　2. 仪式感是组织赋能的体现。

　　生活、工作都需要仪式感，企业文化活动其实也是仪式感的塑造。很多人不理解这个仪式感，有次我跟一些体制内的朋友在沟通的时候讲到，为什么体制内的调动会出现介绍信这样一个物件呢？其实这个叫"组织赋能"。就像我们在企业里面，为什么任命一个人担任某个岗位或者职务时要开会来宣布，同时要颁发任命书，还要签订责任状？这些行为的背后其实都是"组织赋能"的一种表现形式。所以，企业文化的打造要注重仪式感的塑造，仪式感的背后是赋能。

3. 企业文化记忆比企业文化本身的打造更重要。

什么是企业文化？把公司的发展历程、大事小事都记录下来形成标准，让大家按照这个标准去做，慢慢地就形成了企业文化。千万不要以为企业文化就要搞得"高大上"。真正的企业文化就是你每天怎么干的，内化于心，外化于行。

组织记忆就是一种文化。我们去海尔，我们去奔驰博物馆，我们去大众等优秀企业参观的时候，都可以了解到这些企业从创立到发展这一路的历程是怎么样的。这就是企业文化的一种表现形式。我们有很多企业不注重企业文化记忆的打造：企业生产的第一台设备没记录、没保存；创始人的每次内部讲话也没记录、没保存。重视企业文化记忆的打造就是要企业家善于讲自己的故事，不断在自己的企业中、工作生活中挖掘最鲜活、最原汁原味的例子，巧妙剪裁，灵活运用，讲自己的故事才有说服力，讲自己独特的生命体验才能征服听众。

优秀的企业文化就像春雨，随风潜入夜，润物细无声，巧妙地影响着员工的思想和行为。我们衷心地祝愿每一家企业都能塑造出优秀的企业文化，用优秀的企业文化为中国打造出百年老店，让中国制造成为世界优秀产品的代名词。

后 记

AFTERWORD

　　本书基于中国大多数企业在过去四十多年的经营和高速发展中，有高达 90% 以上的企业管理者是由业务骨干转型或者晋升而产生的这一背景，对企业（及各种类型的组织）人才转型培养的现状及存在的问题进行了较为全面的剖析，发现组织中目前采用的转型培养方案和内容大多数还不能满足人才培养的需求。作者结合（各类各级）组织的发展战略及现状，运用理论与实践相结合的方式提出了基于胜任特征模型的人才转型培养方案，并指出了具体的实施策略和保障措施，主要形成如下六大结论：

　　第一，本书主要从系统的管理理论知识、清晰明确的角色认知、明确定位与科学授权、辅导部属的工作能力、运用沟通提升领导力和团队管理的领导艺术六个维度构建了适合当今（各类各级）组织从业务骨干到管理高手的转型培养模式。本书中所描述的胜任特征模型是以组织中成功转型的管理高手为标准而挖掘并呈现出来的一系列个人特性、品质和能力等内容而形成的，以胜任特征为基础的培养方案能够针对从业务骨干转型成为管理高手的人员的某些胜任特征不足的现状而开展培训，使人才成长和发展更具有针对性，为组织培养合适的人才，满足组织可持续发展的要求。

第二，要想使基于胜任特征模型的转型人才培养模式充分发挥作用，成功地把一名业务骨干培养成为管理高手的前提是必须有科学、合理的培养需求调查，以发现培养对象现有的胜任特征情况与目标级别的差距，从而找到并找准具体的培养需求，制订有针对性的实施计划，并有详细的落地措施。

第三，转型人才培养计划制订的过程是与胜任特征的现状培养相对应的过程，为了使从业务骨干到管理高手的培养切实见到效果，在一年的时间内针对被培养者不足的胜任力，制订相应的培养计划。而培养形式的选择与单纯的课堂学习是有区别的，可以选择自学、内部培训/研讨班、外部研讨班、管理论坛和在岗培训等，每种培训形式都有各自的优势，被培养者可以根据自己的实际情况，制订个人培养计划并获得上级的支持。

第四，从业务骨干到管理高手的转型培养过程中，相关的课程体系、讲师队伍等都是非常重要的。针对每位参加人才培养的管理者，培训部门要按照其具体的计划，每月进行跟踪，获得其相应的培养方案和内容，以便对其进行考核和激励。

第五，转型培养的效果评估也是整体过程中非常重要的一个环节。基于胜任特征的几种培养形式，每种形式都有各自的评估方式，针对单次培训活动有评估，针对一年或者几年的培养也需要有评估。通过评估可以与胜任特征模型的各级别对比，发现被培养者通过一年或者几年的培养才能改善情况，也为下一步的人才培养需求的获取提供依据。

第六，从业务骨干到管理高手的转型培养与一般员工的培养有同有异，其在培养内容、培养方式、培养模式、培养评估方面内容更丰富、要求更高。这一转型培养模式是一个动态长期的系统工程，需要各个子系统的协调发展，包括培养成果转化、培养方式、培养内容、培养对象以及培养支持等等。

总而言之，从业务骨干到管理高手转型培养方案和策略研究是非常有针对性的，能够切实改善从业务骨干转型到管理高手后岗位胜任力不足的现状。当然，在这个过程中，需要被培养人员百分之百地参与和付出，也需要公司高层重视培养的过程并且给予相应支持，只有这样才能获得预期的效果，才能为公司培养出更多符合要求的管理高手。

本书内容节选自作者的版权作品《从专业到管理——管理者的领导力训练》（国作登字 –2017-A-00395990），书中所描述的从业务骨干到管理高手的转型培养方案，已经在多家组织中实践运用并取得较为理想的效果。作为转型人才培养的一种途径，由于整个过程周期长且比较复杂，在实施过程中，需要得到组织中高层管理者的大力支持，才能够为组织的不断成长壮大准备充足的管理人才。希望更多的人力资源专家和有实战经验的学者能够提供更多新的观点，弥补本书中的不足之处，读者朋友们可以在"前海昱鑫"公众号后台留言，帮助本书不断改善，让我们携手为中国企业及各类各级组织人才的培养和未来发展作出贡献。